新・保育実践を支える

健康

津金美智子・小野 隆・鈴木 隆 編著

福村出版

[JCOPY] 〈出版者著作権管理機構 委託出版物〉

本書の無断複写は著作権法上での例外を除き禁じられています。複写される場合は，そのつど事前に，出版者著作権管理機構（電話 03-5244-5088,
FAX 03-5244-5089, e-mail: info@jcopy.or.jp）の許諾を得てください。

まえがき

　子どもたちがこれから生きていく社会は生産年齢人口の減少やグローバル化の進展，絶え間ない技術革新等により変化が急速で予測困難な時代といえる。そうした将来を見据え，子どもたちにはどのような力を育むとよいのか。今回の学習指導要領等の改訂においては，子どもたちが自分のよさや可能性を認識するとともに，あらゆる他者を価値ある存在として尊重し，多様な人々と協働しながら様々な社会変化を乗り越え，豊かな人生を切り拓き，持続可能な社会の創り手となることを目指している。こうした未来社会を切り拓く資質・能力の確実な育成には，生きる力の一つである「健やかな体」の育成に向けた体育・健康に関する指導の充実を一層重視する必要がある。

　この生きる力の基礎を育む幼稚園・保育所・認定こども園等においては，今回の改訂（定）で，人格形成の基盤となる「幼児期に育みたい資質・能力」を明らかにし，「幼児期の終わりまでに育ってほしい姿」を育むことが共通して求められた。3歳以上児の領域の記載が同じになるとともに，乳児から2歳児までの保育内容の記載が充実したことは特筆すべきことである。

　こうした新しい教育や保育の流れの中で，本書では保育者を目指す学生が基本的事項に加え改訂（定）点をも理解して実践に生かせるよう，乳幼児期にふさわしい生活や遊びにおける「健康」について深く学ぶことのできる内容の充実を図った。さらに，すでに保育実践に取り組んでおられる保育者の方々にも，できるだけ多くの実践事例を示しながら具体的にわかりやすく述べるように心がけた。

　子どもをとりまく環境の変化の中で，幼稚園・保育所・認定こども園等施設における役割は，今後ますます重要となる。それは，質の高い幼児期の教育・保育を追求する保育者の資質にもかかわることである。本書が，こうした学び続ける学生及び保育者の実践への支えとなることを願うものである。

　2018年　3月　　　　　　　　　　　　　　　　　　　編者一同

目　　次

まえがき (3)

1章　乳幼児の健康 ……………………………………………… 9

1節　乳幼児の健康をめぐって …………………………………… 9

2節　これからの社会と子どもの健康——健康とは …………… 12

1　これまでの健康の考え方 (12)

2　子どもの側からの健康観 (13)

3　これからの子どもの健康を求めて (15)

3節　園での健康指導 ……………………………………………… 16

1　保育と領域「健康」(16)

2　「幼稚園教育要領」および「保育所保育指針」等における
領域「健康」の主な変更点 (16)

3　領域「健康」のねらいと指導の要点 (19)

2章　乳幼児の発達と健康 …………………………………… 21

1節　身体の形態や諸機能の発達 ………………………………… 21

1　身体の発育発達 (21)

2　生理機能の発達 (29)

2節　運動機能の発達 ……………………………………………… 32

1　原始反射 (32)

2　いろいろな動きの発達 (32)

3　動作・運動スキルの発達 (36)

3節　知覚・認知・情緒の発達 …………………………………… 41

1　知覚・認知の発達 (41)

2　知覚・認知の発達と保育者の関わり (42)

目次　5

　　　　3　乳幼児期の情緒の特徴と運動 (43)

　4節　言葉の発達と運動 ……………………………………………… 47

　　　　1　言葉の使用 (47)

　　　　2　言葉と運動 (48)

　5節　非認知能力の発達と運動 ………………………………………… 49

　　　　1　非認知能力とは (49)

　　　　2　人と関わる力の育ち (50)

　　　　3　人と関わる力と運動 (50)

　　　　4　協同的な遊び (53)

3章　自ら生き生きと動く子どもを育てる ……………………… 56

　1節　自ら生き生きと動く子どもを育てるために ……………… 56

　　　　1　運動遊びの楽しさとは (56)

　　　　2　運動遊びの発達過程と運動意欲を育てる指導・援助 (58)

　　　　3　子どもの運動遊びの具体的な姿と保育者の指導・援助 (61)

　2節　子どもの表現と健康 ……………………………………………… 87

　　　　1　子どもの「からだ表現」とは (87)

　　　　2　生き生きとした「からだ表現」を促すために (89)

　　　　3　からだ表現遊びの具体的な姿と保育者の指導・援助 (93)

　3節　運動遊びと園環境 ………………………………………………… 96

　　　　1　園環境における遊具 (97)

　　　　2　保育者や仲間との関わり (104)

　　　　3　自然との関わり (105)

4章　生きる基礎としての体を育てる ………………………… 111

　1節　子どもの生活リズム …………………………………………… 111

　　　　1　生活リズムとは (111)

　　　　2　生活リズムの確立 (112)

　2節　生活習慣形成の意義 …………………………………………… 115

　　　　1　子どもの生活と健康 (115)

　　　　2　子どもの生活と文化 (117)

　　3節　乳幼児の生活習慣の指導 …………………………………………… 120

　　　　1　眠ること (120)

　　　　2　衣服の着脱 (122)

　　　　3　清潔（手洗い，歯みがき，うがいなど）(124)

　　　　4　排泄 (125)

　　4節　子どもと食育 ……………………………………………………… 127

　　　　1　食を営む力を育む (127)

　　　　2　保育現場における食育 (128)

5章　安全に生きる力を育てる …………………………………………… 133

　　1節　子どもの成長と安全 ……………………………………………… 133

　　　　1　安全管理と安全教育 (133)

　　　　2　子どもの遊びに潜むリスクとハザード (134)

　　　　3　園におけるリスクマネジメント (136)

　　2節　園での安全指導 …………………………………………………… 137

　　　　1　安全指導の実際 (137)

　　　　2　園環境と安全 (140)

　　　　3　登降園中の安全――交通安全 (140)

　　　　4　緊急時の安全 (142)

6章　領域「健康」の指導計画 …………………………………………… 147

　　1節　教育課程の編成・全体的な計画の作成 ………………………… 147

　　　　1　教育課程・全体的な計画とは (147)

　　　　2　教育課程・全体的な計画とカリキュラム・マネジメント (147)

　　　　3　教育課程・全体的な計画における
　　　　　　主に領域「健康」に関する「ねらい」や「内容」(148)

　　2節　教育課程・全体的な計画に基づく指導計画 …………………… 149

　　　　1　教育課程・全体的な計画と指導計画の関係 (149)

　　　　2　長期の指導計画と短期の指導計画 (149)

3　長期の指導計画例（151）

4　短期の指導計画例（151）

3節　環境の構成および援助のポイント …………………………… 159

1　環境の構成（159）

2　保育の展開と保育者の役割（164）

3　評価・反省と指導計画の改善（165）

7章　園行事と健康 ……………………………………………………… 167

1節　行事の意義 ……………………………………………………… 167

1　園における年間行事（167）

2　園外保育や運動会の意義について（168）

2節　園外保育（散歩，遠足）……………………………………… 169

1　園外保育の在り方（169）

2　園外保育と子どもの「健康」（169）

3　園外保育の指導計画と実践（171）

4　園外保育と事前，事後の保育（172）

3節　運動会 …………………………………………………………… 174

1　運動会に向けての取組みから（174）

2　運動会種目（174）

3　運動会の事例（175）

4　運動会を通して（178）

8章　園での健康管理 ………………………………………………… 181

1節　子どもと病気 …………………………………………………… 181

1　子どもの生活習慣と病気との関連（181）

2　乳幼児期に見られる病気について（182）

3　子どもとアレルギー（183）

2節　病気・ケガの予防や対処 ……………………………………… 184

1　子どもの観察（184）

2　健康診断（185）

8

　　3　園内の環境について（185）

　　4　家庭との連携（186）

　　5　与薬（187）

　　6　予防接種（187）

　3節　応急処置 ……………………………………………………… 190

9章　乳幼児と性 ……………………………………………… 194

　1節　幼児の性意識と性行動 …………………………………… 195

　　1　幼児期における性に関する教育（195）

　　2　幼児の性意識の特徴（197）

　　3　幼児の性被害（198）

10章　新人保育者の精神的健康と備え ………………………… 200

　1節　保育者の健康 ……………………………………………… 200

　2節　ストレス対処法と燃えつき症候群の予防法 ……………… 206

　　資料（212）

　　索引（215）

───────────
＊　本書における事例に関連した人名はすべて仮名です。

1章
乳幼児の健康

1節　乳幼児の健康をめぐって

　乳児死亡率は，その国の衛生状態や経済・教育などの社会状態を反映する指標の1つと考えられている。我が国は，新生児・乳児死亡率ともに世界で極めて低率の「赤ちゃんが亡くならない国」であるといえる。その一方で，1～4歳の子どもの死亡率は欧米諸国との比較では男女とも第9位と順位を下げている（表1－1）ことから，幼児期の子どもの健康や安全を守るための制度やシステムの充実が一層の課題となっている。また，すぐ「疲れた」と言う子どもの増加やアトピー性皮膚炎などアレルギー性疾患の増加，姿勢を保持することができずに「背中がぐにゃ」となりやすい子ども，夜眠れない子ども，食べ物をよく噛めない子どもなど，子どもの健康をめぐっては多種多様な問題が保育現場でも指摘されている（表1－2）。このような子どもの変容をもたらしたのは，大人社会の影響による子どもの生活リズムの乱れ，体を思い切り動かして遊ぶ機会や環境の欠如に起因する体力低下，生活の中で体を器用に使う運動能力の低下等々の問題があり，平成29年の幼稚園教育要領の改訂および保育所保育指針の改定の背景にもなっている。

　以上のような基本的な生活の乱れからくる体の問題に加え，近年特に問題視されているのが心の健康問題である。乳児死亡率が低いということは，我が国の衛生状態，医療水準，生活基盤が，子どもの生命や安全を守る上で一定の水準を満たしていることを示す。しかしその反面，都市化や情報化，少子化や核家族化の急激な進行という社会構造の変化により，子どもの心の健康に影響が

表1-1 5歳未満児死亡率の国際比較　人口 10 万対の死亡率

（0歳は出生 10 万対）

0歳	男		0歳	女	
ベスト1	日本	202.2('15)	ベスト1	スウェーデン	177.6('14)
2	スウェーデン	253.4('14)	2	日本	178.3('15)
3	イタリア	334.1('13)	3	イタリア	257.6('13)
4	ドイツ	344.4('14)	4	ドイツ	291.8('14)
5	オーストラリア	345.8('14)	5	オランダ	322.9('14)
6	フランス	394.1('12)	6	フランス	324.8('12)
7	オランダ	396.9('14)	7	オーストラリア	327.7('14)
8	イギリス	409.7('14)	8	イギリス	358.7('14)
9	ニュージーランド	423.8('15)	9	ニュージーランド	425.5('15)
10	カナダ	530.9('08)	10	カナダ	450.8('08)

1〜4歳	男		1〜4歳	女	
ベスト1	スウェーデン	10.8('14)	ベスト1	スウェーデン	11.0('14)
2	オランダ	14.2('14)	2	イタリア	12.3('13)
3	ドイツ	15.1('14)	3	オーストラリア	12.7('14)
4	オーストラリア	16.3('14)	4	イギリス	13.1('14)
5	イタリア	17.0('13)	5	オランダ	13.5('14)
6	イギリス	17.6('14)	6	ドイツ	14.3('14)
7	カナダ	19.3('08)	7	フランス	14.8('12)
8	フランス	19.7('12)	7	カナダ	14.8('08)
9	日本	21.1('15)	9	日本	17.7('15)
10	ニュージーランド	24.5('15)	10	ニュージーランド	20.8('15)

（厚生労働省『国民衛生の動向』, 2017）

表1-2　「最近増えている」という子どもの“からだのおかしさ”に
関する保育・教育現場の実感の回答率・ワースト 10

（表中の数値は％を示す）

保育所（2015 年）		幼稚園（2015 年）	
1. アレルギー	75.4	1. アレルギー	75.0
2. 背中がぐにゃ	72.4	2. 背中がぐにゃ	73.1
3. 皮膚がカサカサ	71.9	3. すぐ「疲れた」という	71.2
4. 保育中，じっとしていない	70.9	4. オムツがとれない	69.2
5. すぐ「疲れた」という	67.3	4. 自閉傾向	69.2
6. 噛まずに飲み込む	64.8	6. 保育中，じっとしていない	63.5
7. 夜，眠れない	57.3	6. 発音が気になる	63.5
8. 自閉傾向	56.8	8. 床にすぐ寝転がる	62.5
9. 床にすぐ寝転がる	52.8	9. 体が硬い	59.6
10. 転んで手が出ない	51.8	10. つまずいてよく転ぶ	53.8
10. つまずいてよく転ぶ	51.8	10. 皮膚がカサカサ	53.8

（野井真吾ほか「子どもの“からだのおかしさ”に関する保育・教育現場の実感――『子どもの
からだの調査 2015』の結果を基に」日本体育大学紀要, 46（1）, 2016）

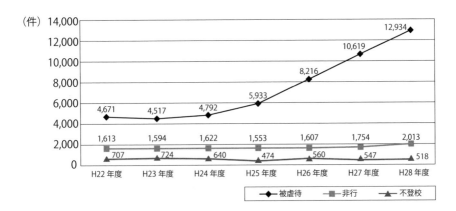

図1−1 被虐待・非行・不登校の相談受理状況

(『児童相談所のしおり』東京都児童相談センター, 2017)

現れるようになった。たとえば**図1−1**は東京都についての資料であるが，これによれば児童虐待や，非行，不登校，いじめなどの状況は，様々な対策が講じられているにもかかわらず，それほど改善されているとはいえない。体の問題もさることながら子どもの心の健康に関わる問題は一層深刻であり，その解決が急務となっている。

　我が国が「豊かな国」と評される一方で，地球の温暖化や大気汚染といった物理的環境の悪化は，たとえ子どもが健康に生まれても，その後の一生を健康に生きられる環境であるかというと決してそうとは言い切れない事態を招いた。また，都市化や情報化の進行に伴う生活リズムの乱れやストレスの増加は，家庭の養育力の低下や子ども同士の人間関係の歪みを生じている。家の近所で気軽に遊ぶことができる遊び場や遊び仲間，遊び時間の喪失，日常における生活体験の不足など，子どもらしい育ちを阻む深刻な社会の変化も問題視されて久しい。これら社会の問題を解決することは決して容易ではないが，根本的な解決に向けての地道な取り組みや努力が必要である。その意味で今や地域の子どもの健やかな育ちを保障できる「最後の砦」とさえいえる保育所や幼稚園の役割がますます重要になってきているといえよう。園において保育者が一

人一人の子どもに寄り添いながら，その子どもの抱える課題を適切に把握し，その子どもがもてる資質を存分に伸ばすことができるよう，家庭や地域と協力しながら子どもの理解に基づいた保育を実践することが，問題解決の一つの方法となっている。それに先立ち，まず「健康とは何なのか」「健康とはどんな状態をいうのか」について，基本的に理解しておくことが大切となる。

2節　これからの社会と子どもの健康——健康とは

1　これまでの健康の考え方

今日の健康の考え方に大きな影響を与えたのは，1946（昭和21）年7月ニューヨークで開催されたWHO（World Health Organization, 世界保健機関）の会議で，当時の国連加盟60ヵ国以上の，関連した領域の専門家の代表によって採択された世界保健機関憲章の前文において示された健康の定義である。

　　　Health is a state of complete physical, mental and social well-being and not merely the absence of disease or infirmity.

　　　「健康とは，身体的，精神的，社会的にも完全に良好な状態であって，単に病気や虚弱でないということだけではない」

この定義は，子どもを含むすべての地球上の人々に当てはまる健康を示している。すなわち，人間を社会的な存在としてとらえ，健康をそれ以前のように単に個人の疾病の有無や保健・衛生の問題に留めることなく，心理的・社会的な面を含めた，より総合的な視点から把握しようとする理念が示されている。この理念に基づいて，衛生学的・保健的な色彩の強い健康指導から人間形成全体に関わる健康指導へと変化したことは大きな変化であるといえる。しかし，ここで示されたような健康観は絶対的な健康，いわゆる「パーフェクトな健康」という理想像の追求にもなり，それは病気を抱える人や虚弱な人への差別意識を生み出させることになるのではないかなど，身体的にも精神的にも社会的にも完全に良好な状態の追求は，現実にはあり得ない「幻想」の追求になるのではないかという批判もなされてきた。こうし

た経緯や，社会の状況も変わっていく中で，オタワ憲章として「ヘルスプロモーション」という新しい理念がWHOによって提唱されることとなった。ヘルスプロモーションとは，人々が自らの健康をコントロールし，改善することができるようにするプロセスのことである。ヘルスプロモーション活動は，個々の人々の抱える現在の健康状態の違いを減少させ，すべての人々が自らの健康の潜在能力を十分に発揮できるような能力を付与するための平等な機会と，資源を確保することを目的としている。健康を，その人の生活や人生の質を高める視点からとらえ直すというヘルスプロモーションの理念は，それまでの健康の定義を，より一歩前進させたものとして評価される。その一方で，健康を社会的・個人的資源としてとらえている点で，先に述べた批判に十分応えるものとなっていない。

　他にも様々な健康観が示されているが，乳児から高齢者まで幅広い年齢層の人々や，病気や障害のある人など社会的に弱い立場にある人も共に生きる者として，互いに関係を築きながら生き生きと生活することができるような社会を作るためには，まず乳幼児期の子どもが「健康に生きる」とはどのような状況を指すのか，次項で乳幼児期からの健康の在り方を考えてみたい。

2　子どもの側からの健康観

　デュボス（Dubos, R.）は，「健康と幸福は，毎日の生活で出会う挑戦に対して反応し，さらに適応する個人的態度の現れである」（デュボス，1964）と述べ，WHOの健康の定義とは異なる健康観を提示した。すなわち，その人が置かれた環境や身の回りの様々な変化に対して程よく適応し，より良い環境を作っていこうとする過程が重要であるという考え方である。幻想のような，パーフェクトな健康を追い求めるのではなく，各人のもつ心身の特性や環境をうまく調整しながら，幸福感を感じて生きていくことこそが「健康」であるという考え方は，子どもの健康の在り方を考える際にも重要な示唆を含んでいる。

　いうまでもなく，子どもの健康は，子どもの幸せと結びついて考えられなければならない。保育・教育も，子どもの未来の幸せに向けられていると同時に，今

この時を生きている子どもの幸せと直結するものでなければならない。永井均はその著書において「子どもの教育において第一になすべきことは，道徳を教えることではなく，人生が楽しいということを，つまり自己の生が根源において肯定されるべきものであることを，体に覚えこませてやることである」（永井均，1998）と述べているが，子どもにとっての幸福な教育，あるいは保育の原点は，いかなる時でも子どもが「あなたはそのままのあなたでいい」と自己の生や存在の全てを肯定されることにある。この肯定は，子どもがこの世に生を受けた瞬間から，身の回りの世話をしてくれる保護者や大人との関係からスタートする。お腹が空いた，排泄物でおむつが汚れて気持ち悪い，寂しい，眠い，痛いなど，赤ちゃんは周囲の大人に気付いて欲求に応えてほしい状況が生じた時，泣いてそれをアピールする。このアピールに対して「お腹が空いたのかな？」「おむつが汚れたのかな？きれいにしようね」「眠れるまで抱っこしようね」など，周囲の大人が，すぐに，温かく，丁寧に応答してくれることによって，赤ちゃんは安心し，満足感や幸福感を覚え，自己の存在が肯定されている感覚をもつ。その積み重ねは，やがてその赤ちゃんが成長し，大人になった後も，生涯を自分の力で生きていく強さや，自分の心身を大切にして生きていこうという意欲の礎になる。

　また乳幼児期の育ちの課題として，健康な生活習慣を身につけることが挙げられる。これまで周囲の大人に世話をしてもらって満たされていた，食べること，眠ること，排泄，衣服の着脱，清潔にすることなど，生活していくための術を一つ一つ自分でできるようになっていくことで，子どもは自立していく。またそれと同時に，一つずつ自分でできるようになることが増えていく実感を得て，子どもは自信を深めていく。その過程では，単に病気にならないような「正しい生活」を送ることが健康的で，「正しい生活習慣」が身につけば将来困らないということだけではなく，子どもが日々の生活そのものに幸せや楽しさ，面白さを実感することができているかどうか，という視点も大切にしたい。

　乳幼児期は，遊びの中で，自分の思いや興味，関心を存分に発揮し，それを周囲の保育者や友達に受け入れてもらって共に遊ぶことで，人と関わって生き

ていくことの楽しさや面白さに気付いていく。自分と周囲の人やもの，生活との関わりを広げていくことができる機会に恵まれた環境こそが子どもにとって健康で，なおかつ幸福な環境であるということも忘れてはならない。

3　これからの子どもの健康を求めて

　子どもが遊ばなくなった，遊べなくなったと言われて久しい。外遊びを「疲れるから」，砂遊びや泥遊びを「汚れるから」といやがる子ども，室内遊びばかりをしたがる子ども，体力はあるのに手先や体の使い方に不器用さが目立つ子どもも増えていると言われる。矢野智司は，子どもの中に生きている喜びを満たすのは，子ども自身の純粋な興味に導かれた「体験」，すなわち幼児期の子どもにとっての「遊び」であるとしている（矢野智司，2006）。遊ばない・遊べない子どもの姿が，大人によって「遊べない環境」に置かれているせいで生じているとすれば，それは改善していかなければならない重大な課題である。

　けれどもその一方で，本当に子どもは遊んでいないのかを常に問いなおす視点も保育者には求められる。矢野は，子どもが「遊べない」「遊ばない」ということを，子どもの外面に表れている行為のみに目を向けて判断することはできないともいう。大人の目から見た「遊べる子ども像」をイメージして，友達と一緒に活発に動いて遊べる子どもだけを「遊べる子ども」「問題のない子ども」として理想化するのではなく，じっとしていても何かを懸命に考えている子ども，友達の輪には入らずに見ているだけのような子どもの中にも，よく見ると内面に生き生きと躍動した遊び心が見つかることも多々ある。心地よさや楽しさ，面白さや感動を，どのような時，何をしている時，何に対して感じるかは，子どもの数だけある。一人一人の子どもを，真にかけがえのない唯一無二の存在として，それぞれのあり様を温かく肯定的に見てみる姿勢が保育者には求められる。人間関係の結び方が上手ではない子どもが増えた今日，一人一人の子どものあり様や興味・関心を共有したり，時にはぶつかりあったりしながら，子ども同士の関係作りが広がっていくような保育も，健やかな子どもの育ちに不可欠であろう。

3節　園での健康指導

1　保育と領域「健康」

　幼児期における教育・保育は「環境を通して行う」ことを基本とし，「幼児期にふさわしい生活が展開できるようにすること」「遊びを通して総合的に指導すること」「子ども一人一人の発達の課題に応じて指導すること」を重視している。この基本に基づいて，子どもが生活や遊びを展開する中で心身の発達の基礎となる体験を得られるようにすることが大切である。そのためには，子どもの実情や地域の実態等と子どもの発達の側面からまとめた5つの領域に示す事項とを照らし合わせ，見通しをもって指導を行う必要がある。その際，子どもの発達は様々な側面が絡み合って相互に影響を与え合いながら遂げられるものであることから，領域ごとに個別に指導を行うものではない。領域に示す事項は，保育者が総合的に指導する際の視点であり，子どもが関わる環境を構成する場合の視点でもあることに留意しておきたい。

　こうした基本を踏まえ，幼児期の教育・保育における領域「健康」の指導について考えてみたい。領域「健康」は「健康な心と体を育て，自ら健康で安全な生活をつくり出す力を養う」ことを趣旨としている。健康な子どもを育てるとは，単に体を健康な状態に保つことのみを目指すのではなく，他者との信頼関係の下で情緒が安定し，その子どもなりに伸び伸びと自分のやりたいことに向かって取り組めるようにすることである。生涯にわたって健康で安全な生活を営む基盤は，乳幼児期に愛情に支えられた安全な環境の下で，心と体を十分に働かせて生活することで培われていくのである。

2　「幼稚園教育要領」および「保育所保育指針」等における領域「健康」の主な変更点

　平成29年改訂（定）の「幼稚園教育要領」「保育所保育指針」「幼保連携型認定こども園教育・保育要領」では，乳幼児期の質の高い教育・保育を推進す

る上で共有すべき事項として，「幼児期に育みたい資質・能力」「幼児期の終わりまでに育ってほしい姿」を示している。

幼稚園教育において育みたい資質・能力

　1．幼稚園においては，生きる力の基礎を育むため，この章の第1に示す幼稚園教育の基本を踏まえ，次に掲げる資質・能力を一体的に育むよう努めるものとする。

(1) 豊かな体験を通じて，感じたり，気付いたり，分かったり，できるようになったりする「**知識及び技能の基礎**」
(2) 気付いたことや，できるようになったことなどを使い，考えたり，試したり，工夫したり，表現したりする「**思考力，判断力，表現力等の基礎**」
(3) 心情，意欲，態度が育つ中で，よりよい生活を営もうとする「**学びに向かう力，人間性等**」

（「幼稚園教育要領」より）

　この資質・能力は，生きる力の基礎を育むため，乳幼児期の教育・保育における基本を踏まえ，5つの領域に示すねらい及び内容に基づく活動全体によって一体的に育むものである。子どもは遊びを展開する過程において，心身全体を働かせて活動するため，心身の様々な側面の発達にとって必要な諸能力は個別に発達していくのではなく，相互に関連し合い，総合的に発達していくものであるからである。

　領域に示す「ねらい」について，これまで「心情・意欲・態度など」と示してきたが，これらを含めた資質・能力を育む観点から，「資質・能力を幼児の生活する姿から捉えたもの」と改められた。これまで重視してきた「心情・意欲・態度」のみではなく，義務教育及びその後の教育の基礎となる乳幼児期なりの「知識や技能の基礎」「思考力・判断力・表現力等の基礎」の姿をより明確に示すものである。

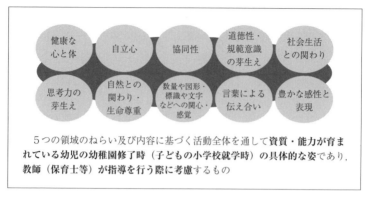

図1-2 幼児期の終わりまでに育ってほしい姿

　さらに、幼児期の教育と小学校教育の接続を図る上で、「幼児期の終わりまでに育ってほしい姿」10項目（**図1-2**）が示され、発達や学びの連続性をより一層明らかにしている。この姿は個別に取り出して指導するものでも、到達すべき目標でもない。また、5歳児だけでなく乳幼児期のそれぞれの段階にふさわしい指導を積み重ねることが重要である。

　この姿は領域に示すねらい及び内容に基づく活動全体を通して「資質・能力」が育まれている幼児期の終わりの頃の具体的な姿として、また、指導を行う際に保育者が配慮することとして示されている。

　この10項目のうち、主に領域「健康」に関係の深いものが「(1) 健康な心と体」（園生活の中で、充実感をもって自分のやりたいことに向かって心と体を十分に働かせ、見通しをもって行動し、自ら健康で安全な生活をつくり出すようになる）である。乳幼児は、各幼児教育施設において、安定感をもって環境に関わり、自己を十分に発揮して遊びや生活を楽しむ中で、体を動かす気持ちよさを感じたり、生活に必要な習慣や態度を身に付けたりしていく。5歳児の後半には、こうした積み重ねを通して、充実感をもって自分のやりたいことに向かって、繰り返し挑戦したり諸感覚を働かせ体を思い切り使って活動したりするなど、心と体を十分に働かせ、遊びや生活に見通しをもって自立的に行

動し，自ら健康で安全な生活をつくり出す姿が見られるようになる。この頃の子どもは，園生活の中で，ある程度時間の流れを意識したり，状況の変化を予測したりして，見通しをもって行動するようになる。これは，単に「健康」の領域だけでなく，友達や様々な人々との関わりなどと関連の深いことである。このような姿に育ってほしいことから，領域「健康」のねらいに「見通しをもって行動すること」が新たに示された。

また，食べ物への興味や関心をもつことを「内容」に示すとともに，「幼児期運動指針」（平成24年3月文部科学省）などを踏まえ，多様な動きを経験する中で，体の動きを調整するようになることを「内容の取扱い」に新たに示した。さらに，安全に関する記述を，安全に関する指導の重要性の観点等から「内容の取扱い」に示した。

3　領域「健康」のねらいと指導の要点

心身の健康に関する領域「健康」のねらいは下記のように示されている。

〔健康な心と体を育て，自ら健康で安全な生活をつくり出す力を養う。〕

ねらい
(1)　明るく伸び伸びと行動し，充実感を味わう。
(2)　自分の体を十分に動かし，進んで運動しようとする。
(3)　健康，安全な生活に必要な習慣や態度を身に付け，見通しをもって行動する。

　子どもが明るく伸び伸びと行動するとは，単に行動の表面的な活発さを意味するものだけではなく，解放感を伴いながら能動的に環境と関わり，自己を十分発揮することで充実感や満足感を味わうようになることである。こうした健康な心は，自ら体を十分に動かそうとする意欲や進んで運動しようとする態度を育てるなど，身体の諸機能の調和的な発達を促す上でも重要なことである。特に幼児期においては，子どもが自分の体を十分に動かし，体を動かす気持ち

よさを感じることを通じて進んで体を動かそうとする意欲などを育てることが大切である。また，自分の体を大切にしたり，身の回りを清潔で安全なものにしたりするなどの生活に必要な習慣や態度を，自然な生活の流れの中で身に付け，次第に生活に必要な行動として見通しをもって自立的に行えるようにすることも重要なことである。

　このように，子どもは安心して伸び伸びと全身を使って遊ぶ中で，保育者等からの安全に気付くような適切な働きかけの下，安全についての構えを身に付けることができるようになっていく。安全についての構えを身に付けるとは，子どもが自分で状況に応じて機敏に体を動かし，危険を回避するようになることであり，安全な方法で行動をとろうとするようになることである。子どもは，日常の生活の中で十分に体を動かして遊ぶことを楽しみ，その中で危険な場所，事物，状況などを知ったり，その時にどうしたらよいか体験を通して身に付けていったりする。安全を気にするあまり過保護や過介入になってしまえば，かえって子どもに危険を避ける能力が育たなくなる。子どもの事故は情緒の安定と関係が深いので，保育者等や友達との温かいつながりをもち，安定した情緒の下で生活が展開されるよう，子どもの行動の理解と予想に基づいて，保育者は計画的に組織的に環境を構成していくことが重要である。

参考文献

デュボス，R．田多井吉之助訳　健康という幻想──医学の生物学的変化　紀伊
　　國屋書店　1964

永井均　これがニーチェだ　講談社　1998

矢野智司　意味が躍動する生とは何か──遊ぶ子どもの人間学　世織書房　2006

2章
乳幼児の発達と健康

1節　身体の形態や諸機能の発達

1　身体の発育発達

a　最近の出生状況

　発育は形態の増大であり，発達は機能の向上といえる。ヒトの発育は，出生前の在胎期から始まるとも考えられるが，母体を離れた出生後について，その発育状況をみることが一般的である。我が国の近年の出生の状況について**表2－1**に示した。表から出生状況の変化をみると，この25年の間に，出生体重の減少や低出生体重児あるいは複産児の出生割合の増加が見られ，これについては，その原因が人為的なことも考えられる。今後は，極低出生体重児に対する医療的ケアの進歩により，かけがえのない生への取り組みがさらに推進されていくことが望まれる。

表2－1　我が国の出生状況の変化

区分			1990年	2015年
平均出生体重		男	3.16kg	3.04kg
		女	3.08kg	2.96kg
出生割合	低出生体重児・極低出生体重児	2.5kg 未満	6.33%	9.47%
		2.0kg 未満	1.42%	1.92%
		1.5kg 未満	0.53%	0.75%
		1.0kg 未満	0.19%	0.31%
		0.5kg 未満	0.01%	0.03%
	複産児		1.37%	1.94%

『日本子ども資料年鑑 2017』より著者が作成

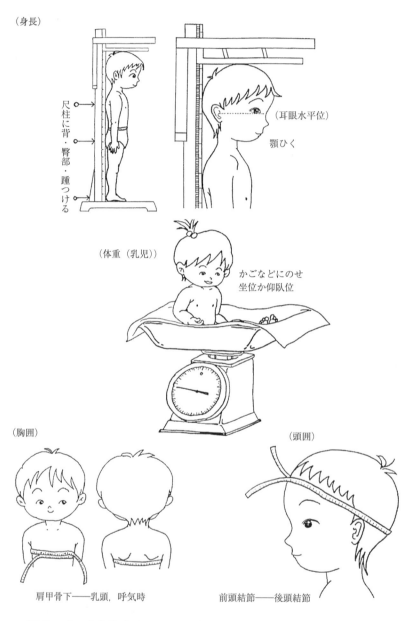

図2−1 身体諸計測項目とその方法

b 身体計測

乳幼児の発育状態を把握するには，長さに関する長育（身長，座高など），重さやかさばりに関する量育（体重，皮下脂肪など），太さやまわりに関する周育（胸囲，頭囲など）や幅に関する幅育（肩幅，頭長など）などを測定する。乳幼児では，身長（body height），体重（body weight），胸囲（girth of chest）および頭囲（girth of head）の計測がよくなされる。これらの諸計測の実施にあたっては，**図2-1**に示したような留意すべき重要なポイントがある。

これらの計測項目の中でもっとも多く使われるものは，身長と体重であろう。この身長と体重から胎児や乳幼児の発育の特徴をみると初期体重減少（出生後数日間の体重減少）を除けば，出生前後の数ヵ月はもっとも急激な増加の時期であり，そののち次第に緩やかな発育が続き，思春期に入り再び急増（発育加速期）するのである。このことは，スキャモン（Scammon, R. E.）の発育曲線の一般型の経過にもその特徴がよく表れている（**図2-2**）。

身長と体重の計測値から指数を算出することにより，発育栄養状態をみる方法は，ケトレー指数

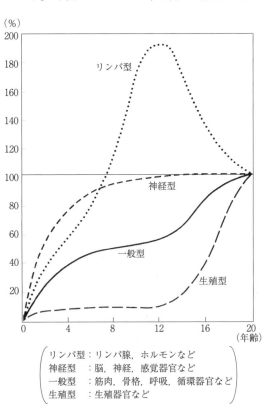

図2-2 スキャモンの発育曲線

Scammon, R. E.（1930）

［体重 (kg) ／身長 (m)^2］や，ローレル指数［体重 (kg) ／身長 (cm)^3 × 10^7］などがよく使われる。しかし乳幼児の判定にもっとも適している指数は，カウプ指数［体重 (g) ／身長 (cm)^2 × 10］とされている。

c 体型

乳幼児の体型（からだつき）は，発育とともに成人の体型に近付いていく。しかしながら乳幼児の体型は，大人のそれを縮小したものではなく，身体各部位の形や大きさに乳幼児の特徴があることを忘れてはならない。すなわち，頭が大きく体全体に対して重心が高いなどの不安定要素を乳幼児がもっていることに，常に配慮する必要がある。図2-3は，身体各部位の割合の変化をあげたものである。

d 骨の成長

骨が大きくなるには，長い骨に見られる骨端軟骨の骨化（長さ），骨膜の骨化（太さ）と扁平な骨に見られる結合組織の骨化（広がり）の3つがある。人

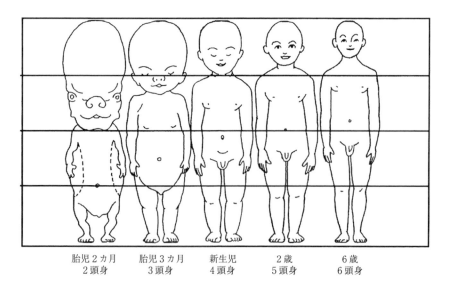

図2-3　胎児・乳幼児の身体各部位の割合

Stratz, C. H.

は牛馬のように生まれて間もなく歩くということができないので，生理的早産ともいわれるが，生理的という言葉は病的とか異常などではないということであり，人が歩けない状態で生まれても正常なのである。人の在胎期間が長くなれば，頭部が大きくなりすぎ出産はきわめて難しくなる。

新生児の頭蓋骨には，泉門と呼ばれる未骨化部が6カ所もある（大泉門，小泉門，左右の前側頭泉門，左右の後側頭泉門）。大泉門の他は生後間もなくそのすきまは閉じるが，大泉門は生後9ヵ月に最大となり1年半頃までに閉じる。このように頭の骨組みがしっかりできあがっていないことが出生時の一時的な頭の変形に好都合であり，生後の盛んな脳の増大をも可能にしているのである。前述のスキャモンの発育曲線を見れば，神経型の曲線の立ち上がりがもっとも急であることで分かる。すなわち，脳の発育には頭の骨の発育の仕方が深く関わっているのである。

その他にも身体各部の骨は年齢と共に大きくなっていく。手根部の骨化も，

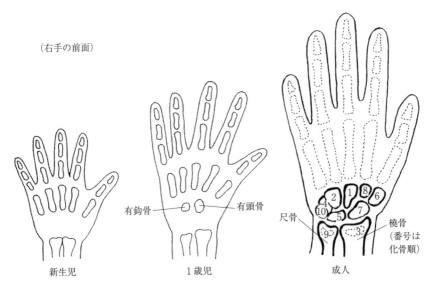

図2-4 手根部の化骨核数

生理的年齢を知る手立てとしてよく注目される。手根部には手根骨8個と橈骨および尺骨の骨端核を合わせた計10個の化骨核の出現で，その発育の程度をみることができる（**図2－4**）。手根部の化骨核数は，新生児においてはゼロであるが次第に出現し，3歳から9歳まではほぼ年齢と一致するといわれている。このことは，乳幼児期から学童期にかけて骨の発育は未完成な状態であり，この時期における身体運動では過剰な負担がかかることのないよう配慮しなければならないことを示唆している。

e　歯の発育

歯が生えること（生歯）についても年齢と関係する特徴が見られる。たとえば，6歳臼歯（第1大臼歯）や12歳臼歯（第2大臼歯）のように，生える順序や時期がほぼ年齢と合致している。いうまでもなく歯の役割は色々な意味で重大である。咀しゃくする（ものを噛む）だけでなく運動や発声などにも大きな役割を果たすので，う歯（虫歯）にしない配慮やよく噛む習慣などの徹底が大切である。

f　脊柱の変化

脊柱は発育に伴い変化し弓なりになり弯曲（生理的弯曲）していく。脊柱の弯曲は，直立二足歩行の形態をとる人にとって都合のよい弯曲であり，生後1年ほどで成人の弯曲のもとができあがる。その過程を**図2－5**に表した。脊柱は，骨髄の入る脊柱管を形づくり椎骨間には軟骨が存在し，芯棒のように支えつつも柔軟に動くことができる人体の中核をなす骨組みであり，その役割の重要性はいうまでもない。

g　土踏まずの形成

土踏まずの変化は，脊柱の弯曲と共通点があり発育に伴い弓なりになっていく。足のアーチ（足弓）の形成は，バネやクッションとしての役割の他，よりよい歩きや走りを実現するための足の裏のあおり運動を可能にしたり，安定して立つための支持点ができたりするなどの重要な役割がある。**図2－6**は土踏まず測定（足がた測定）およびその判定法を表したものである。判定法の種類は多くあるが，土踏まずの形成過程が視覚的に分かる2等分線による判定の

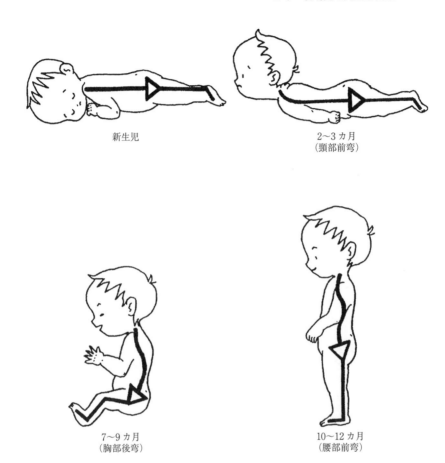

図2-5 乳児の脊柱の変化

ほうが幼児向きといえる。これらの両者をしっかりと観察できる目をもつことは，乳幼児の順調な発育の把握ならびに早期における異常の発見にもつながるので，そのチェックの仕方や測定法の習得が必要となる。

(1) 2等分線による方法
　　（阿久津邦男，1974）

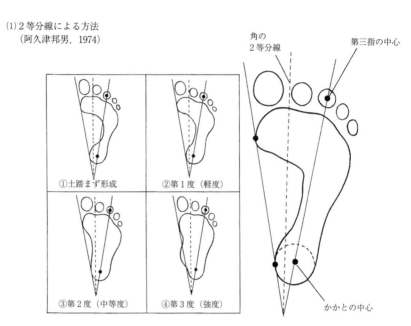

(2) Hラインによる方法
　　（平沢彌一郎，1964）

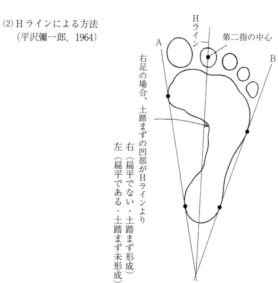

図2-6　土踏まず測定（足がた測定）

2 生理機能の発達

a 呼吸・循環機能

呼吸・循環機能の発達では,その器官や臓器が大きくなるに伴い,それらの働きも向上する。すなわち,呼吸機能は肺の換気能力,循環機能は心臓の血液拍出量が増すことである。呼吸・循環機能の働きの目安は,呼吸数(Respiration Rate:回/分)や心拍数(Heart Rate:拍/分)でみることが多い。**図2−7**は年齢に伴う呼吸数や心拍数の変化を表したものである。この図をみると,呼吸・循環機能の発達に伴い呼吸数および心拍数が減っていくことが分かる。

b 消化・排泄機能

新生児の胃の容積は50mlほどであるが,1ヵ月で約2倍,1年で約6倍になる。乳児の胃は細長いビンのような形をしており(**図2−8**),胃底部のふくらみも少なく噴門部(胃の入り口)も未発達のため,授乳に際しては吐乳

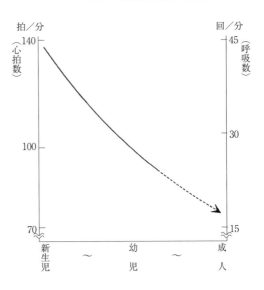

図2−7 年齢に伴う安静時心拍数・呼吸数の減少傾向

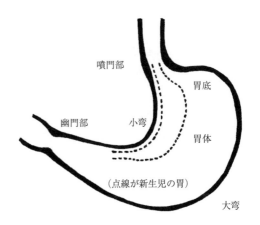

図2−8 新生児と成人の胃の比較

略図:竹本

や溢乳を起こしやすいので十分に気をつけなければならない。胃腸の消化吸収をよくするには，食事の内容や食事の仕方に配慮し食習慣の定着を図ることが大切である。乳幼児の摂食行動は，乳やミルクを飲むことから離乳食を経て固形食へと変わっていくので，発育発達にそった無理のない摂食学習の積み重ねが必要である。

排泄機能には，2つの働きをする機能がある。すなわち，便が消化機能であり尿が腎機能である。その働きに共通することは，乳児期は反射的な排泄であり，のちに尿意（尿が出そうな感じ）が膀胱壁，便意が直腸壁への圧迫感となって感じられ予告もできるようになる。粗相をしないで排泄ができるようになるには，我慢ができるようになることも必要となる。排泄機能の発達に伴う排泄習慣の定着には個人差があるので，個々の発達に合わせてあせらず根気よく取り組まねばならない。

c 睡眠

間脳にある睡眠中枢（視床下部など）が睡眠と覚醒のリズムを支配しているといわれている。乳幼児の睡眠の特徴を**図2-9**に表した。睡眠時間や睡眠の仕方は，乳児期から幼児期にかけ

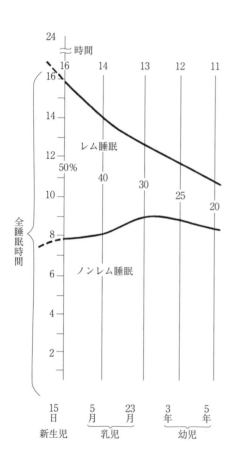

図2-9 乳幼児の年齢に伴う睡眠の変化
Roffwarg, H. P.（1966）の部分

て著しく変わる。すなわち，新生児が1日中寝たり起きたりの繰り返しをしていたのが夜間睡眠中心の睡眠パターンに変わっていくことや，全睡眠時間が年齢と共に少なくなっていくことである。また，睡眠の中味を分析してみるとレム睡眠（REM は Rapid Eye Movement：パラ睡眠ともいう）とノンレム睡眠（nonREM：オーソ睡眠ともいう）の割合が大きく変化することである。レム睡眠の特徴として，睡眠中の眼球運動，心拍数増加や覚醒時脳波（β波）などが表れる。また，全睡眠時間のうちレム睡眠が占める割合は，乳幼児が他の年齢層に比べると著しく高い。浅い眠りのレム睡眠と深い眠りのノンレム睡眠は交互に出現するといわれるので，レム睡眠だけを多く取るという寝方はできないわけで，両者をセットに考えて十分な睡眠時間を確保することが必要となる。

d　体温調節と水分補給

　乳幼児は成人に比べると，自律神経の体温調節機能も未発達であり体温の変動が起こりやすく，物質代謝も盛んであるのでわずかであるが体温も高い。したがって，発汗や発熱の状態は日頃から十分に観察し，その働きが順調に営まれるように配慮しなければならない。とくに乳幼児は，運動量や運動時間および気温に応じて水分の補給をこまめにしなければならない。乳幼児は体の容量が成人に比べてかなり少ないので，大人が思うより早く脱水症状を起こしてしまうことがある。また，乳幼児自身の体温調節機能を高めるための配慮も忘れてはならない。すなわち，乳幼児をただ居心地のよい環境におくだけでは意味をなさない。日頃の生活の中で，十分に体を動かし熱を発生させた際に発汗によって熱を放散することを繰り返し体験したり，外気の寒い環境下において体を動かす遊びによって体を温める体験をしたりすることなどがその機能を確立するもとになる。

2節 運動機能の発達

　乳幼児期の子どもの活動が，小学校以降の教科学習や道徳，人間関係にも様々な影響を与えることは明白である。人は様々な経験を通して五感で感じながら，外界の事象について気付き，その特徴から区別したり，比較したり，その根拠を考えたりする。乳幼児の教育において実現させておきたい環境に関する活動を挙げる。

1　原始反射

　原始反射とは，生来もち合わせている脊髄レベルの反射のことをいい，そのうちの多くは生後数ヵ月前後で消失していく生命維持に必要な反射運動のことである。乳児が意識せず動くことのできるこの反射の主なものは以下のようなものである（**図2-10**）。

- (1) 把握反射：手のひらを指でつつくと握りしめる。把持反射ともいう。
- (2) 足蹠反射：足の裏をつつくと蹠屈（足の裏側に屈曲）する。
- (3) 探索反射：頬をつつくとその方向へ唇が追う。口角反射ともいう。
- (4) 吸啜反射：口の中に指を入れると吸い込む。
- (5) 歩行反射：足が床につくと左右交互に足踏みをする。
- (6) モロー反射：頭を支えた手を放すと抱きつくような腕伸ばしをする。

　このような反射運動は，今やすべてが生命維持に必要不可欠なものとはいえない。しかしながら，いかに保育環境が完備されていても，吸啜反射は乳児が自力でできないと生きていけないものである。

2　いろいろな動きの発達

　乳児は原始反射が消失していく中で，新たに色々な動きや動作ができるようになる。これらの運動は随意運動であり，繰り返し学習することにより獲得されるものである。外から見ることはできないが，運動中枢の存在する大脳新皮

2章 乳幼児の発達と健康　33

図2-10　主な原始反射

図2−11 移動運動の発達

Shirley, M. M. (1933)

2章 乳幼児の発達と健康　35

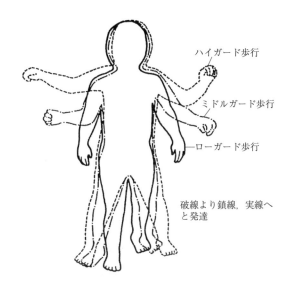

図2-12 歩行開始後2〜11週における歩き方の発達

Burnett, C. ら

質の脳細胞も日に日に著しい変化（発達）をとげているのである。よって，生後2ヵ月から3ヵ月頃に乳児の動きが小さくなり，体が固くなったように感じることがあるが，この症状も脳神経系の発達過程における正常な変化ととらえることができる。運動発達の順序や基準についての報告が多くの研究者によりなされている。**図2-11**は生まれてから1人歩きするまでの1年間あまりの間に獲得される動きについて示したものであり，さらに，**図2-12**は歩行開始後の歩き方の上達の様子を表したものである。

　ここに示したものは基準的なものであって，最近では1〜3ヵ月ほど早まっているともいわれるが，一人一人の子どもは出生や生活環境が異なり，発育発達にも個人差があることを念頭に入れておくことが大切である。

　また，育児の仕方によって運動発達が阻害されることもあるので気を付けなければならない。乳児の運動と栄養は，一方に偏らない配慮が必要である。また，衣類の厚着は運動の妨げとなるので十分に気を付ける必要がある。

3　動作・運動スキルの発達
a　運動の発現と発達

　一人歩きが実現すると活動する世界が一変する。乳児が寝たり座ったりした状態での動きや遊びには制限がある。その状況から自力で自分の体を移動することのできる世界になったわけだから当然のことである。それだけに，安全面には常に留意する必要が生じ，目を離すことはできなくなる。一人歩きのできる前は歩くことそのものも目的であったのであろうが，ひとたび歩けるようになると今度は何かをするために歩くようになる。したがって，幼児の身体運動を伴う活動は，量的な向上だけでなく質的にも進歩してくる。この時期に展開される運動遊びは，ただ単に幼児の身体発育を促進させるだけでなく，運動スキル（運動技能）の向上や知的・情緒的な発達にも深く関与するといわれている。運動遊びという身体活動は，主に意識して動く随意運動である。この随意運動の中枢は大脳皮質に存在することは前述したが，その随意運動の発現す

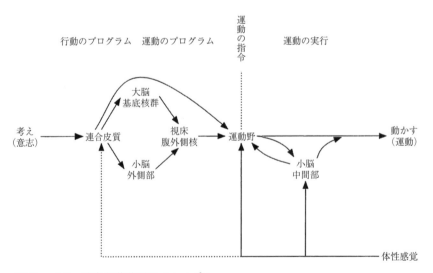

図2-13　随意運動発現のメカニズム

久保田・塚原（1984）

2章　乳幼児の発達と健康　37

るメカニズムを**図2－13**に表す。この図をみると動きが実行されるということは，脳（運動中枢）とともに体性感覚を得るための感覚器（触覚・圧覚など）と運動を実行するための運動器（手・脚など）の3者の連携プレイの結果であることが分かる。随意運動の特徴は，初めはぎこちない動作であるが繰り返すことでスムーズにできる（慣れてくる）ようになり，さらには意識しないでも動けるレベルにまでなるということである。すなわち，動作の学習の初めの段階では無駄な動きが多いが，学習の成立した段階，つまり動作の型が定着した状態においては，その動きを簡単にできるようになる。

b　基本の動作

運動遊びをしている幼児たちを見ていると，実に多くの動作をしていることに気付く。たとえば鬼ごっこで走ったり，すべり台を登ったりすべったり，砂場で砂を掘ったり，ジャングルジムでくぐったり渡ったりなど，まさに園庭で繰り広げられている園児の遊びの中には，数え切れないほどの動作が展開されている。近藤充夫は，幼児期における多種多様な動作体験の重要性に注目し，基本的な動作（基本の動作）として84種を選定している（**表2－2**）。これらの84もの動作が幼児の日頃の運動遊びの中で，どのように使われているのか，動作の内容に偏りはないのかなどの観察も必要となってくる。

c　粗大運動と微細運動

運動発達は，身体の移動のような粗大運動の発達（gross motor development）と手の動きのような微細運動の発達（fine motor development）の2つに大別できる。これらはすでに乳児期において発達が始まっているが，ダイナミクスを伴う運動発達の分析は，幼児期以降の子どもを対象に行われることが多い。粗大運動と微細運動は，単独の状態で現れたり，両者が組み合わさった状態で現れたりする。**図2－14**（39頁）のように，投球運動は両者を組み合わせた運動の1例である。すなわち，歩く・走る・跳ぶなどの力のいる粗大運動と，手で握って手から離すという巧みな技を必要とする微細運動が発展統合することにより，投球運動は成立するのである。ただし，歩く・走る・跳ぶといった運動にも巧みな技がもちろん存在する。幼児期におけるこのような運動能力が，

38

表2－2　基本の動作一覧表

カテゴリー	動作の内容	個々の動作		
Stability (安定性)	姿勢変化 平衡動作	・たつ・たちあがる ・かがむ・しゃがむ ・ねる・ねころぶ ・まわる ・ころがる	・さかだちする ・おきる・おきあがる ・つみかさなる・くむ ・のる ・のりまわす	・わたる ・あるきわたる ・ぶらさがる ・うく
Locomotion (移動性)	上下動作	・のぼる ・あがる・とびのる ・とびつく	・とびあがる ・はいのぼる・よじのぼる ・おりる	・とびおりる ・すべりおりる ・とびこす
	水平動作	・はう ・およぐ ・あるく ・ふむ ・すべる	・はしる・かける・かけっこする ・スキップ・ホップする ・2ステップ・ワルツする ・ギャロップする	・おう・おいかける ・とぶ
	回転動作	・かわす ・かくれる ・くぐる・くぐりぬける	・もぐる ・にげる・にげまわる ・とまる	・はいる・はいりこむ
Manipulation (操作性)	荷重動作	・かつぐ ・ささえる ・はこぶ・はこびいれる ・もつ・もちあげる・もちかえる ・あげる	・うごかす ・こぐ ・おこす・ひっぱりおこす ・おす・おしだす ・おさえる・おさえつける ・つきおとす	・なげおとす ・おぶう・おぶさる
	脱荷重動作	・おろす・かかえておろす ・うかべる	・おりる ・もたれる	・もたれかかる
	補足動作	・つかむ・つかまえる ・とめる ・あてる・なげあてる ・ぶつける ・いれる・なげいれる	・うける ・うけとめる ・わたす ・ふる・ふりまわす ・まわす	・つむ・つみあげる ・ころがす ・ほる
	攻撃的動作	・たたく ・つく ・うつ・うちあげる・うちとばす ・わる ・なげる・なげあげる	・くずす ・ける・けりとばす ・たおす・おしたおす ・しばる・しばりつける ・あたる・ぶつかる ・ひく・ひっぱる	・ふりおとす ・すもうをとる

体育科学センター　体育カリキュラム作成小委員会

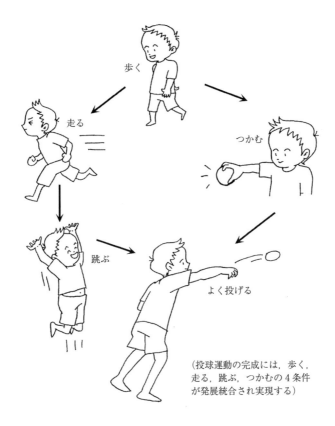

図2−14 幼児の投球運動の獲得過程

ヴォランスキー（1978）より作図

年齢に伴いどのように変化していくのかを把握することも大切なことである。

d　運動能力の発達

　幼児の運動能力の発達状況を把握するために，全国的な運動能力調査が実施されている。これらの調査の測定種目は，一般によく知られているのが，25m走，立ち幅跳び，ソフトボール投げまたはテニスボール投げ，体支持持続時間，両足連続跳び越しの5種目である。この5種目に加えて，捕球，往復走の2種目も実施されている。その他にも多くの測定法や種目が紹介されている。このよ

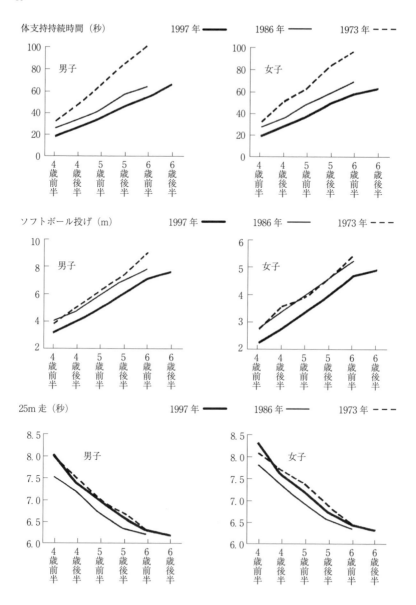

図2-15 幼児の運動能力の年代別比較

「体育の科学」(1998(10))

うな幼児が発揮した能力を資料としてみる時には，前述した乳児の発達基準の見方や考え方と同様に，あくまで個人の発達を把握するためのものであることを理解しておく必要がある。すなわち，幼児の現在の能力を知り，改善すべきところは適切な対策を講じ，よりよい発達を目指すものであり，他児との優劣を云々する方向に観点が行かないように配慮すべきである。

　幼児運動能力調査の報告によると，その結果は必ずしも好ましいものではない。**図2−15**は，年代別の変化を3種目について表したものである。これらの傾向をみると，手や腕の力が低下してきていることは明らかである。幼児の生活リズムや環境，保護者の養育態度などの見直しをすることについては，今後も保護者や保育者のみならず大人社会全体が一丸となって取り組むべきである。それに加えて，現代の幼児のもつ運動能力が，これらの調査によって真に発揮され導き出されているか否かを考えた時，幼児の好みに合わせて取り組みやすくしたり，やる気を起こさせる内容の種目に改善したりすることも必要であろう。

3節　知覚・認知・情緒の発達

1　知覚・認知の発達

　一般に知覚とは，感覚器官によって外界をとらえる働きのこととされている。人の場合，その代表的な感覚器官には，目，耳，鼻，舌，皮膚などがある。つまり知覚とは，目で見たり，耳で聞いたり，においをかいだりすることによって，そのものをとらえる働きのことをいうのである。一方認知とは，人が外界にあるものなどを知覚したうえで，それが何であるかを判断したり解釈したりする過程のことをいう。初めてリンゴを見た人は，赤い丸いものというような知覚からそれ以上の認知を起こし得ないが，リンゴを知っていて食べたことのある人ならば，リンゴを見た際にはその知覚からすぐにリンゴと認知することができ，おいしそうだなとか，まだちょっと酸っぱいかもしれないなどの考えに至ることができる。つまり認知という場合には，それまでの経験や

知識，記憶などをもとにして，知覚により得た情報に意味や解釈を加えることになるので，どんな経験や知識などを持ち合わせているかが重要になる。乳児がぐらぐら煮え立っているお湯の中に手を入れてしまうことがあるというが，これなども熱い湯という認知に至らないからである。

　以前は，新生児ましてや胎児にはものを知覚することができないと思われていたが，たとえば新生児にはかなり早い段階からある程度の視覚能力があることがわかっている。また，生後1日の新生児が男性より女性の声に，おなじ女性でも自分の母親の声により多く反応することが見いだされており，胎児期にすでに子宮内で母親の声を聞いていて，それを出生後も記憶していると考えられる。子どもはすでに胎児期から様々な能力を持っている存在なのであり，われわれ特に子どもと関わる大人はこのことを十分に認識しておく必要がある。

2　知覚・認知の発達と保育者の関わり

　乳幼児期の子どもはまだまだ発達の途上にあり，できるようになることもあればできないこともある。この時期の子どもの発達を的確にとらえておくことは，保育者には欠かせないことである。

　たとえば，視知覚でみれば，3歳頃にはものの形はある程度知覚できるが，大小や方向はまだ知覚しづらい（**図2－16**）し，視野も成人のそれと

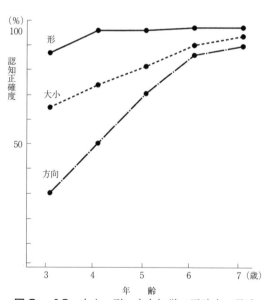

図2－16　大小・形・方向知覚の正確度の発達

勝井晃「図形知覚における発達曲線の比較考察Ⅱ——図形の特質と知能の分析」『心理学研究30』（p.264～269，1959）

比べればまだ狭く，5〜6歳くらいになって成人と同程度になるといわれている。こうした特徴を理解していれば，3歳児とボール遊びをする際などの参考になるだろう。3歳児がボールを高く投げ上げると見失いやすいのは，こうした発達の特性によるのである。だからといって，視野の範囲内でボール遊びをするばかりでなく，少しずつ視野が広がるような遊び方をすることが求められる。

　一方，幼児期の特徴の1つに，相貌的知覚というものがある。たとえば，朝日が光り輝くのを見て「オヒサマ，オハヨーッテイッテル」とか，車庫に入っている車を見て「ジドウシャ，オネンネシテルネ」などのように，心情で物をとらえるとらえ方である。また，類似した特徴に，アニミズムといわれるものがある。これは，すべてのものに命や意識，感情などがあると考える子どもの特徴をいう。ぬいぐるみのくまの人形をなでて「クマサン，ヨロコンデルネ」と言ったり，木を伐採しているのを見て「イタイイタイッテイッテルヨ」と言ったりするのがそうである。こうした特徴を理解しておくことも，子どもへの関わりや言葉かけなどの際に参考になるはずである。

3　乳幼児期の情緒の特徴と運動

a　乳幼児期の情緒

　生まれたばかりの赤ちゃんは，まだはっきりとした情緒を持っておらず，興奮を感じているだけだといわれている。やがて，快，不快という情緒が芽生えてくる。お母さんからミルクをおなかいっぱいもらって心地よい，おむつがぬれていて気持ちが悪いといったことである。その後，**図2−17**のように様々な情緒が枝分かれするように現れてきて，分類上は幼児期のうちに主要な情緒が出そろうといわれている。こうした情緒の分化は，「情緒的緊張・興奮の生起 → 表出 → 解消」という過程が繰り返し経験されることにより促進されるとされる。つまり何かを感じ，感じたことを表し，表したことによってその情緒が消えてゆく，その繰り返しが情緒の分化を促すのである。赤ちゃんが泣いていたら，おなかが減っているのかな，おむつがぬれているのかなと考え，ミルク

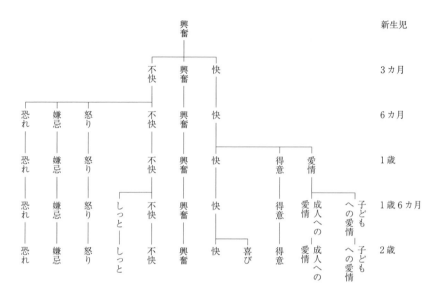

図2-17 情緒の分化図式

Bridges, K. M. B., Emotional development in early infancy, Child Development, 1932.

をあげたりおむつを替えたりすることで，不快な情緒を解消してあげることが必要なのである。周りの大人が，乳幼児の情緒の表出を受けとめ，解消するような働きかけをすることが，情緒の分化を促す一助になるといってよいだろう。

また，幼児期の情緒の発達を考える際に重要なのは，様々な情緒を子どもがどうやって表し，どうやって抑えるかということ，つまり情緒の表し方をいかにコントロールするかを学んでいくことである。そのためには幼児期には，なるべくいろいろな激しい情緒的経験をすることが必要だと考えられる。ここには「情緒的経験 → 表出 → 表出の結果を知る → 情緒のコントロール」という図式が成り立つ。感じたことを子どもは素直に，情緒的表現としておもてに表す。表すことが止められてしまうと，子どもの心に何らかのストレスといったものが残ると考えられる。不適切と思われる表しも，する前から止めるべきではない。子どものあらゆる情緒の表出は受けとめるべきものである。その気持

2章　乳幼児の発達と健康　45

表2-3　3～6歳児の情緒発達の概要

● 3歳に対応する情緒の発達段階
(1)「みんなのおもちゃを自分1人で使って遊ぶ」段階。それが3歳を境目に目立たなくなる。
(2)「友達どうしで楽しんでいるところに自分が加わって喜び合う」ことができる段階に達している。
(3)「動物をかわいがる」ことが好きになってくる。

● 4歳に対応する情緒の発達段階
(1)「1人になるのを悲しがる」段階。それが4歳を境に目立たなくなる。「友達みんなの中に入れないと悲しがる」
(2)「喜んでうれしそうに言い広める」「先生の喜ぶことを自分から喜んでする」
(3)「話を聞きながら想像して楽しむ」「遠足を楽しみに準備していて中止になると悲しがる」
(4)「積み木をつんでもう少しででできあがるところでくずれると残念がる」「おこっても，しはじめたことは続けてする」
(5)「自分のおもちゃを人にかして喜ぶ」「みんなで使えるおもちゃがかわりばんこに使われると喜ぶ」「自分のおもちゃをみんなで使って喜ぶ」
(6)「草や水を大事にする」

● 5歳に対応する情緒の発達段階
(1)「みんなでそれぞれ役をとって遊んで喜ぶ」
(2)「親の喜ぶことを自分から進んでする」「友達の喜ぶことを自分から進んでする」
(3)「約束が守られないとおこる」ことがはっきりしてくる。

● 6歳に対応する情緒の発達段階
(1)「自分がよくしたいのにできないとくやしがる」「みんなといっしょにできないとくやしがる」
(2)「悲しい話をきいて悲しがる」

前田明「情緒の発達」，石田恒好・井深信男編『児童心理学』(協同出版，1984)

ちを受けとめたうえで，受け入れられるものなのか，受け入れられないものなのかといった判断をし，子どもに返していく。こうした経験から，子どもは自分の表出の意味合いを感じ取っていき，それによって，どう情緒をコントロールするかを身に付けていくのである。

表2-3は3～6歳児の情緒発達の概要を示したものである。各年齢の概

要を，子ども理解の，そして，保育者としての関わりを考える際の参考とされたい。

　また，子どもの情緒は一過的なものであることがきわめて多いといわれている。「今泣いたカラスがもう笑う」と良く言うが，まさにその通りである。激しいけんかをした次の瞬間に，その２人が笑い合って遊んでいたりするのである。「子どもは根にもつ能力に欠ける」と言う人もいるぐらいである。根にもつことができず後を引かないこの時期にこそ，ぶつかり合うような経験をすることが発達上重要なことであるという見方もできるだろう。運動的な遊び場面では，トラブルになったりけんかが起きたりすることも決して少なくない。もちろん安全確保や危険回避は必要不可欠であるが，幼児期のこうした情緒の特徴もよく理解したうえで，子どもにとって必要な経験は何かという視点で，子どもを見守り，寄り添う姿勢が保育者には必要になる。特に，保護者にこうした理解が十分でない場合も少なくない。保護者との連携の中で，こうした点について丁寧に説明していくことも保育者の重要な役割の１つである。

b　情緒と運動

　運動的な遊びは，情緒的な体験の量，インパクトの強さ，様々な種類の情緒が生起するという意味での多様さのどれについても，豊富な情緒的体験を提供してくれるといわれている。運動的な遊びをしている子どもは，たとえば真剣に取り組む，できたと喜ぶ，やってみたくてワクワクする，失敗してがっかりする，悔しがるなど様々な情緒的な体験をしている。もちろんこうした体験は運動以外の場面でも経験することはできる。しかし運動的な遊び場面では，体を思い切り動かしているということも影響してか，より強烈な情緒体験を子どもに提供してくれることが多いのである。ある大学の女子学生達に，今まで一番楽しかった遊びは何か聞いてみたところ，最も多かったのは鬼ごっこで，ついでゴム跳び，缶蹴り，ポコペンとの答えが返ってきた。こうしたことからも，運動的な場面はより印象的な強い情緒経験を与えてくれると考えることができる。ひと言でいえば，体を動かして遊ぶ中で子どもが感じる様々な情緒が，情緒の発達を促すのに有効だということである。

2章　乳幼児の発達と健康　　47

4節　言葉の発達と運動

1　言葉の使用

　言葉の使用には，まず聞くことが土台になる。**表2-4**は乳児期から幼児期初めのきこえと言葉の発達の目安である。この時期は大人にとって意味の不明な発声や喃語などがその中心となるので，言葉としてとらえにくいが，この表を1つの目安として子どもの発達状況の参考にすると良いだろう。

表2-4　乳幼児の「きこえ」と「言葉の発達」の目安

0〜2ヵ月	・突然の音にビクッとする ・大きな音に反応する ・眠っていて突然の音に眠りを覚ますか，泣きだす
3〜6ヵ月	・ラジオの音，テレビの音（コマーシャルなど）に顔を向ける ・日常の音（おもちゃ，テレビ音，楽器音，戸の開閉など）に興味を示す（4ヵ月頃から） ・お母さんの声に振り向く（4ヵ月頃から） ・不意の音や聞きなれない音，めずらしい音にはっきり顔を向ける
7ヵ月〜1歳	・外のいろいろな音（となりの部屋の物音，外の動物の鳴き声）に関心を示す（7ヵ月以降） ・歌や音楽に合わせて体を動かして喜ぶ（11ヵ月頃から） ・「オイデ」「バイバイ」など，人の言葉に応じて行動する（9ヵ月頃より） ・「ママ」「ネンネ」など，人の言葉をまねて言う（10ヵ月以降） ・気付かれぬようにしてそっと近付き，「ささやき声」で名前を呼ぶと振り向く（10ヵ月以降）
1歳〜1歳6ヵ月	・意味のある言葉が出る（10ヵ月〜15ヵ月） ・目，耳，口などの身体部位をたずねると指をさす ・「新聞取ってきて」など，簡単な言葉による言い付けに応じて行動する

「きこえ」と「ことばの発達」情報室（HP：http://www10.big.or.jp/~ent/kikoe/kikoe01.html）（2017.9）
より著者が情報収集し作成

初めのうちは意味がないと思われる発音しかしない子どもも，1歳頃になると「ママ」「マンマ」など意味をもった発声をするようになる。2歳過ぎからは「マンマ，ホシイ」などの2語文で，ごく簡単な会話ができるようになる。その後，言葉の数や修飾語の使用が増えてきて，3〜4歳になると身近な大人や友達との会話がおおむね不自由なく行えるようになる。言葉が使えるようになってくると，子どもは遊びの中で言葉を使用し，やりとりするようになり，遊びがより楽しく豊かになってくる。しかしながら，天才物理学者といわれるアインシュタインは幼少期にはあまり言葉をしゃべらなかったそうで，個人差が大きいことは考慮に入れておかなければならない。

また，言葉を自由に使えるようになってきたとはいえ，3〜4歳頃はまだまだ自由自在には言葉が使用できない。話したい気持ちばかりが先走り，自分の思いがうまく言葉にならなくて「エット，エット，エットネ」といった発言を繰り返し，なかなか言葉が前に進まないことも多い。こうした子どもには，話したがっている言葉を示すなどの指導をするよりも，子どもが話したがっている思いを受けとめることの方が適切であることが多い。子どもの気持ちにより添う対応を常に心掛けたい。

2 言葉と運動

言葉を使えるようになった子どもにとって，自分自身の言葉や周りから投げかけられる言葉は，自身の行動を支えたり，強めたりする効果をもつ。自分自身に心の中で投げかける言葉を内言といい，主に思考の道具としての役割を果たすといわれているが，言葉を使えるようになった子どもは，自分自身に内言を投げかけ，行動を強化していく。縄跳びを跳びながら心の中で「イチニ，イチニ」と言ったりするのがそうである。また，他人に向かって用いられる音声言語で，主として伝達の道具としての機能を果たすものを外言という。たとえば走っている時などに周りの保育者や友達からかけられる「ガンバレ，ガンバレ」などがそうである。こうした外言が子どもの動きを活性化することはよく知られている。運動能力検査の実施要項などにも，必ず周りで応援するよう

2章　乳幼児の発達と健康　49

注意を促しているものが多いが，これも子どもが言葉による応援を受けることで，より力を発揮すると考えられているからである。いずれにせよ，言葉と運動は密接に関わっているものであり，言葉が使えるようになると運動も活発になり，運動が活発になると言葉も盛んに使われるようになる。

5節　非認知能力の発達と運動

1　非認知能力とは

2016年8月中央教育審議会の審議のまとめには「忍耐力や自己制御，自尊心といった社会情動的スキルやいわゆる非認知的能力といったものを幼児期に身に付けることが，大人になってからの生活に大きな差を生じさせる」との記述がある。これは，非認知能力を幼児期に身に付けることの重要性を示すものでもある。一般的に非認知能力とは**表2－5**のような能力を指すといわれている。別の言い方では，認知能力は知能指数のように測れるもの，非認知能力

表2－5　非認知能力

学術的な呼称	一般的な呼称
自己認識（Self-perceptions）	自分に対する自信がある，やり抜く力がある
意欲（Motivation）	やる気がある，意欲的である
忍耐力（Perseverance）	忍耐強い，粘り強い，根気がある，気概がある
自制心（Self-control）	意志力が強い，精神力が強い，自制心がある
メタ認知ストラテジー（Metacognitive strategies）	理解度を把握する，自分の状況を把握する
社会的適性（Social competencies）	リーダーシップがある，社会性がある
回復力と対処能力（Resilience and coping）	すぐに立ち直る，うまく対応する
創造性（Creativity）	創造性に富む，工夫する
性格的な特性（Big 5）	神経質，外向的，好奇心が強い，協調性がある，誠実

（中室牧子『「学力」の経済学』ディスカヴァー・トゥエンティワン，2015）

は測ることが難しいものともいわれる。これまでも，こうした非認知能力のような能力の獲得は，運動経験と関わりがあるといわれてきたが，運動能力の低下傾向が問題視されている現状から，ついつい運動能力の向上や運動技能の獲得に重きが置かれがちである。こうした時期だからこそ，非認知能力と運動との関わりを重視していく必要があるだろう。もちろん，認知能力がなくて良いということではない。どちらも重要であり，バランスのとれた保育内容が必要であることはいうまでもない。

2　人と関わる力の育ち

　人と関わる力とは，非認知能力の中でも社会的適性を中心に，いくつかの力で複合的に構成されているものととらえられる。幼児期は社会化の始期であるともいわれるが，特に幼稚園児の場合，それまで家族の庇護の下生活していた狭い社会から，幼稚園といった広い社会にはじめて直面し，そこでの対処方法について学んでいくのである。また，保育所や認定こども園の場合でも，幼稚園ほど劇的ではないにせよ，個々の発達とともに徐々に人との関わりが現れてくる。それまで特定の大人や子どもとの関わりしかもっていなかった子どもは，発達とともに活動範囲が広がってきて，関わりをもつ人の範囲も広がり，より多くの出来事や場面に出会うようになる。そうした中で，社会のきまりや約束，集団の中での役割，自己主張や他の人の主張の受け入れ，思いやりなど，社会の中で生きる上で必要なことがらを学んでいくのである（**表2－6**）。

3　人と関わる力と運動

　運動的な遊びでは，子どもが一人で黙々と遊んでいるよりも，何人かの子どもたちが互いに関わり合っていることが多い。あるいは一人で遊んでいるように見えても周りの子どもと関わり合いをもっていることがほとんどである。たとえば一人で遊んでいるように見える砂場での遊びの際も，使いたいシャベルを他の子どもが使っていてないなどということはよくある。シャベルを使って

2章　乳幼児の発達と健康　51

表2-6　各年齢における主要な社会的行動

年齢	社会的行動
1歳～1歳半	鏡の中の自分におじぎをしたり，笑いかけたり，鏡を相手に遊ぶ。道具を見ただけで模倣的に使用する（クシ，ブラシ，鉛筆など）。 よく知っている場所にくると教える（自分の家の前に，または菓子の戸棚の前にくると指さしたり，「アーアー」と言って教える）。子どもの中にまじっていると，一人できげんよく遊ぶ。玩具を取り合う。絵本を見て，知っている物の名前を言ったり，指さしたりする。 簡単な言い付けを理解して行う（「新聞を持ってらっしゃい」など）。「いけない」と言うと，ふざけて，かえってやる。父母のしぐさのまねをする（新聞を広げて食事，すわり方のまねなど）。困難なことに出会うと，助けを求める（物をひっぱって歩いていて，障害物にぶつかると人を呼んで直させる）。本を読んでとせがむ。自分の名前を呼ばれると，「ハイ」と返事をする。
1歳半～2歳	他の子どもが母のひざに上がると怒って押しのけたりする。子どもの後をくっついて歩く。友達と手をつなげるようになる。簡単な質問に答える（アッチ，カイシャなど）。欲しい物があると「チョウダイ」と言って，もらいにくる。 子ども同士で追いかけっこをする。遊び友達の名前を言えるようになる。いちいち「ナアニ」と聞く。言いたいことがたくさんあって，「アノネ」と話しかけているが，あとが続かない。
2歳～2歳半	一度期待をもたせてしまうと，だましがきかない（外へいくと言って，連れていかないと泣く）。年下の子どもの世話をやきたがる（だっこしようとしたり，食べさせようとする）。自分の名前をいれて話をする。
2歳半～3歳	電話ごっこで，ふたりで交互に会話ができる。ままごとで，自分のお母さんやお父さんになりたがる。「ボク」「ワタシ」などと言う。他の子に「……しようか」と誘いかける。
3歳～3歳半	隠れんぼをして，見つからないように，ひとりで物かげに隠れる。 友達と順番にものを使う（ぶらんこなど）。自分が使いたいものを，友達が使っている時「かして」と言う。 見聞きしたことを，母親や先生に話をする。
3歳半～4歳	隠れんぼをして探す役と隠れる役とを理解する。 自分が負けるとくやしがる。 友達を自分で家に誘ってくる。 経験したことを，他の子に話をする。
4歳～4歳半	どちらがよくできるとか，友達と競争する（まりつき，ひこうきとばし，ぶらんこなど）。赤と白に分かれた競技で，どちらが勝ったかわかる。 かわいそうな話を聞くと涙ぐむ。 他の子の遊びに加わる時，「いれて」と言う。
4歳半～5歳	じゃんけんで勝ち負けがわかる。 砂場で，ふたり以上で協力して一つの山を作る。禁止されていることを他の子どもがやった時，その子どもに注意する。自分の家の住所番地を正しく言う。
5歳～5歳半	自分で店にいって品物を買い，おつりをもらうことができる。
5歳半～6歳	信号を見て正しくわたる。 小さい子や弱い子のめんどうをみる。 尋ねられると，幼稚園や学校にいく道順を説明できる。
6歳～6歳半	取りっこした時，子ども同士だけで，じゃんけんで解決する。 ふざけて母親や先生をおどかす。 幼児語を，ほとんど使わなくなる。
6歳半～7歳	友達が，やってもらいたいと思っていることを，察してやってあげる（車が動かない時など押してあげる）。 電車のきっぷを自分で買う。 泣くのを，人に見られないようにする。

高野清純・林邦雄編『図説 児童心理学辞典』（学苑社，1981）

いる子どもとの間でけんかになったり，保育者に訴えにきたり，あきらめて他の遊びに移っていったりなど，様々なことが起こり得るのである。こんな小さな経験（実は子どもの発達にとっては大きな経験）が積み重なって，子どもたちの中に約束事やきまりがつくり上げられていき，人と関わる力も身に付いていくのである。

　一方で年齢と共に，子どもたちは集団での遊びやルールのある遊びの楽しさも徐々にわかってくる。集団で行う運動的な遊びには必ずといっていいほどルールがある。ドッジボールやサッカー，鬼ごっこなどはその典型である。こうした遊びの中で，子どもたちは人と関わる力を身に付けていくと考えられている。しかしながら，こうした遊びをしてさえいれば人と関わる力が身に付くというような単純なものではない。

　何か問題を解決するためや，必要性があってできた約束ならば，子どもはその約束を守る意味を子どもなりに理解するだろう。たとえば砂場でのシャベルを巡るトラブルを経験した子どもなら，どうすればよいか考える機会もあるだろうし，その結果考えたことは受け入れやすいはずである。ところが初めからあるルールや約束を子どもに伝えるような場合には，本来その途中にあるはずの，問題にぶつかって困ることや，どうしたらいいか考えることなどが抜け落ちることが多い。そうなると子どもも，ただやみくもにルールを守らされているということになりがちである。

　たとえば子どもがボールに親しむ中で，転がしてみる，それを受けとめる，転がってくるボールから逃げるなどを楽しむうち，中当てのようなゲームに移行していき，だんだんとボールを投げられるようになり，ドッジボールの初歩に進んでいくというような経過をたどって遊んでいる場合には，突然ドッジボールのルールを説明することもないだろうし，子どもがこうしたいと思う思いや，そこで感じている楽しさに合わせて必要なルールを考えていくことができる。いささか理想論的ではあるが，すでにわれわれ大人には当然のように知られているゲームのルールも，このような視点から見直してみることも必要なのではないだろうか。

もちろんドッジボールのように、やってみたら楽しくて、その楽しさから逆にルールの必要性が分かってくるということはある。すでにあるきまりが、子どもたちが楽しく遊ぶ際に大変有効であることもある。だからすべての約束やきまりに必ずその必要性を求めなくともよいだろう。これはつまり保育者の考え方の基本においておきたいことなのである。ルールのある遊びをすれば子どもに人と関わる力が育つわけではなく、そこで経験する内容が人と関わる力の育ちを促すことになるのである。遊びが子どもを育てるのではなく、遊びの中の経験が子どもを育てるということなのである。

4 協同的な遊び

特に5～6歳頃になると、友達関係の深まりと共に協同的な遊びが可能になってくる。仲間意識の育ちが、グループやクラスで共通の目的に向かって取り組むことを可能にするのである。みんなで協力してジェットコースターをつくろうとか、お化け屋敷をつくって年少さんをお客さんに呼ぼうとか、積み木を使って大きなオブジェをつくろう（**写真2－1**）などがそうである。た

写真2－1 積み木を使ったオブジェ

とえば積み木で大がかりなオブジェをつくる場合、4歳児くらいでは自分の積み木や自分のつくったものという意識が強く、それぞれが自分でつくることが多い。その結果、積み木の取り合いになることも少なくない。しかし、5歳児くらいになると皆でつくればもっと大きなすごいものをつくることができると考えることが可能になり、協同して大きなものをつくり上げることができるようになる。こうした遊びの中で、子どもたちは協同する楽しさや、そうでなければ得られない達成感、喜

びなどを味わう。また，仲間と折り合いを付けたり，妥協し合ったりする経験や，時には我慢や葛藤，挫折感などを経験する場合もある。まさに非認知能力が様々な形で経験され，獲得されていく重要な場面であると考えられる。そして，こうした場面では体を十分に動かして遊んでいることが非常に多いのである。

　こうした遊びは，5〜6歳児に特有の遊びであるが，5〜6歳児になれば自然にするようになるというものでもない。実はこうした遊びを生み出す背景は，それまでの保育場面のなかにある。保育者が子どもの発想を大切にし，活かす保育をそれまでにしてきていれば，それが素地となって子どもたちの中には協同的遊びが盛んになる。一方で，知らず知らずにせよ保育者が自分の願いや要求を子どもに示し続けていれば，それに従ういわゆる指示待ちの子どもになりかねず，協同的な遊びが発展するはずもない。つまり，協同的な遊びは低年齢児の保育から既に始まっているのである。

演習課題

① 幼児運動能力調査について，最新の報告をICTを活用して検索し，その結果をもとに，**図2－15**（40頁）の年代別の3種目の変化と比較した上で，これらの最近の傾向を把握し説明してみよう。

② 乳幼児の情緒の発達にはどのような経験が必要だと思うか，具体的な保育場面（遊び）をあげて，そこでの子どもの経験，保育者の関わり方，環境の構成などを考えてみよう。

③ 非認知能力を育む運動的な遊びを考えてみよう。それを実際に子どもとする場合を想定し，環境の構成や準備，保育者の関わり方，言葉かけ，留意点などをあげてみよう。

参考文献

阿久津邦男　歩く健康法　女子栄養大学出版部　1974

阿部明子・落合 優編著　心身の健康に関する領域 健康　東京書籍　2000

ヴォランスキー，N.　友成久徳訳　幼児の運動　ベースボール・マガジン社　1978

河邉貴子編著　保育内容 健康の探究　相川書房　2000

堺 章　目でみるからだのメカニズム　医学書院　1994

社会福祉法人恩賜財団母子愛育会愛育研究所編　日本子ども資料年鑑2017　KTC
　中央出版　2017

田中敏隆　発達と指導　中央法規出版　1986

中島雅美編　PT・OT 基礎から学ぶ解剖学ノート　医歯薬出版　2000

中室牧子　「学力」の経済学　ディスカヴァー・トゥエンティワン　2015

平沢彌一郎　直立姿勢　鈴木製本印刷社　1964

ポルトマン，A.　髙木正孝訳　人間はどこまで動物か　岩波新書　1971

向井美惠編著　乳幼児の摂食指導　医歯薬出版　2000

無藤 隆・岡本祐子・大坪治彦編　よくわかる発達心理学　ミネルヴァ書房　2004

村岡眞澄・丹羽丈司　幼児の運動発達に影響を及ぼす環境的要因について（3）
　——園および家庭での運動環境との関連　愛知教育大学研究報告，42：1-12.
　1993

森 司朗・杉原 隆・吉田伊津美・筒井清次郎・鈴木康弘・中本浩揮　幼児の運動
　能力における時代推移と発達促進のための実践的介入　平成20〜22年度文部
　科学省科学研究費補助金（基礎研究B）研究成果報告書　2011

文部科学省中央教育審議会教育課程部会　次期学習指導要領に向けたこれまで
　の審議のまとめ　第2部 各学校段階，各教科等における改訂の具体的な方向性
　1. 各学校段階の教育課程の基本的な枠組みと，学校段階間の接続　（1）幼児教
　育　2016

3章
自ら生き生きと動く子どもを育てる

1節　自ら生き生きと動く子どもを育てるために

1　運動遊びの楽しさとは

　おおよそ，運動遊びとは，活発に体を動かす遊びであるといえる一方で，そこに感じる楽しさは，他の遊びと同様，一人一人異なり，時間の経過によっても移ろいゆくものである。乳幼児期に育みたい心身の健康は，1章で述べられたとおり，子どもの内から発する欲求に基づくものであることから，園における運動遊びの指導においても，遊びの核にある楽しさや面白さを先ずもって大切にしたい。ここでは，運動遊びそのものに内在する楽しさについて，考えてみたい。運動遊びの楽しさには主に次のような6つが考えられる。

a　身体機能の快

　感覚的な心地よさや「めまい」の感覚で，乳児期の遊びの多くは，ここに楽しさがある。五感を通して，水や風，土の感触を楽しんだり，「たかい，たかい」やブランコ，滑り台など体まるごとの体感を楽しんだりする。回転の動きに伴う体の揺らぎや不安定さは世界の変容のようにも感じられる。鬼に追われたり，ぐらぐら揺れる場所でバランスを楽しんだり，ドキドキするようなスリル感も身体機能の快といえる。

b　自己実現，自己挑戦

　乳児の四肢の動きや寝返りに始まり，ずり這い，はいはい，つかまり立ち，歩行，走る，ジャンプと，子どもは新しい体の動きを探索し，心ゆくまで繰り返しながら，その動きを獲得し達成感を感じる。幼児期後半になると，自ら技

能を追求する，課題を見出し努力して達成しようとする姿も見られる。

c カタルシス（catharsis）

遊びは本質的にカタルシス＝心の浄化作用の機能をもつといわれる。緊張や鬱積した感情を発散することで解放感が得られる。特に，思い切り体を動かして遊ぶことで，気分がすっきりし，情緒的な安らぎが得られる。憧れの「消防士」となり何度も水をバケツで運び，汗だくになりながら土煙に水をまく幼児の姿を思い浮かべるとよいだろう。

d 模倣，表現の楽しさ

「めまい」と同じく，カイヨワ（1970）が遊びの要素として挙げたものの一つである。幼児は，心のイメージを行為としてやってみたり，何かになったりすることを好む。前出の「消防士」の遊びにも模倣と表現の楽しさが内包される。次節で挙げる身体表現遊びの楽しさの一つである。

e 人との関わり

乳児期のあやし遊びに見られるように，体が直接触れ合う遊びは，身体機能の快を味わうと同時に人との関わりの楽しさの体験でもある。直接的な触れ合いがなくても，一緒になって楽しんでいる友達の存在が嬉しく，心身の興奮は高まる。明確なルールがなくとも，共にいることから体のコミュニケーションが始まり，一緒に動いたり，真似っこ遊びを楽しんだりする。4歳頃になって，ルールや役割を理解し始めると，集団遊びを楽しむ。友達がいることで，イメージを共有する楽しさもある。他者の存在が大きな意味をもっているといえる。

f 競争

同じくカイヨワが挙げた遊びの要素の一つである。また，ホイジンガ（1968）は遊びの「本質的な二つの相」の一つに「闘争」を挙げている（もう一つは「表現」である）ように，人と競う楽しさは本能的な欲求でもある。鬼遊びやボールゲームなど，勝ち負けのある遊びなどがこれにあてはまる。

遊びには，これらの要素のどれか一つだけが内包されているということではなく，重層的に重なっているといえる。矢野（2006）は「遊びの世界に深く没

入する時，そこで実現されるのは，世界に溶解する体験，常の生活では実現されることのない世界との十全な交流の体験であり，言い換えれば人は遊ぶことによって，生命にふれることができる」という。ここで挙げられた運動遊びの楽しさも，それらが世界と溶解するほどに体験される時，生きている喜びとして実感されることであろう。

2 運動遊びの発達の過程と運動意欲を育てる指導・援助

運動遊びの発達について見通しをもつことは，より適切な環境設定や指導・助言のために，必要なことである。ここでは，運動遊びの発達過程について理解し，子どもの運動意欲を育む指導・援助の要点を考えたい。

まず，遊びの発達について，多くの研究はピアジェの知見に端を発している。ピアジェは，認知面の発達理論を基に，遊びの発達過程を**表3－1**のように捉えた。

遊びの発達を考える上で，遊びそのものに在る本質的な楽しさを考慮すると，ピアジェのように遊びをひと括りとして捉えるのみならず，様々な遊びを具体的に想定することや特定の目標に応じて分析するなど別の方法もあろう。運動遊びには，2章で述べられたような，体の機能的，形態的発達に加え，ルールや約

表3－1 ピアジェによる遊びの発達過程

遊びの形態	認知発達の時期	内容
機能的遊び	0～2歳：感覚運動期	身体機能の快楽を目的とする。動きは繰り返される中で，洗練され，制御されていく。
象徴的遊び	2～7歳：前操作期	ある事物を他のものに見立てる。人の行為のふりをする。初期は心にあるイメージを行為であらわす一人遊びであるが，発達に伴い，イメージを他者と共有し共に遊ぶようになる。
ルールのある遊び	7歳～：具体的操作期	集団でルールに基づいてなされる。勝敗や対立関係がある。

(ピアジェ 1967 を基に筆者が作成)

束事の理解など知的面での発達や，遊びに誘ったり，仲間と協力したり，トラブルを解決したりなど社会面での育ちも深く関わっている。そのような観点から，村岡（1996）は，運動遊びの指導・援助の在り方を探る上で，子どもが自ら遊びを遊びとして成立させ，発展させていこうとする意思や意欲，つまり「遊び意識」に着目した。そして，運動遊びの中でも，鬼遊び，ボール遊び，闘い遊びの3つについて，体，知的，社会的側面から，遊び意識の表れる言動を記録した上で，「遊び意識」の発達過程と保育者の援助を提示した。**表3－2**（60頁）は，それらの結果を基に，筆者がまとめたものである。保育者が，子どもの意欲を大切に遊びの指導・援助をする上で，これは重要な視点であろう。

　これらの事例にも示されるように（**表3－2**の下線部分），ルールを理解し始める4歳頃になると，勝ち負けがはっきりとした遊びを好んで行うようになる。一方で，勝つために仲間と協力したり，5歳頃になり，さらに社会性が育ってくると，年下の子どもにルールを教えたりする姿が見られるようになる。このような「競争」と「協同」との関わりは，子どもたちが運動遊びを展開していく中で避けて通ることのできないものであり，保育者はこのどちらかに偏った援助のないよう心掛けるべきである。運動遊びの楽しさの要素に「競争」があることからも，遊びの中に「競争」的なものがあることそれ自体は重要であるが，勝敗のみに向かうような体験ではなく，勝負をあくまでも過程として捉え，一人一人における体験の意味を考えたい。

　さて，遊びという人間の営みについては，これまで多様な観点から深い意味が見出され論じられてきた。遊びの発達をみる視点も同様に，視点の拡がりと深まりをもってもよいだろう。日々，子どもと向き合う保育者は，もしかすると自然にそのような姿勢を身に付けているかもしれない。たとえば，子どもを現前にする時，今ここで起こっていることだけでなく，一人一人にある発達の個人史や，その背後にある家庭環境，これから育ちゆく姿や願いなど，多くを感じ，考えながら，瞬時に判断して，その子どもの今と未来を支える援助を行っている，あるいはその実践が難しくとも，そうありたいと想っているのではないだろうか。では，その視点に自覚的であるかについては，どうだろうか。

表3－2 「遊び意識」の発達過程と保育者の援助

		遊び意識の芽生えの時期	遊び意識の形成・充実期	遊びの発展期
遊びの様相と保育者の援助		保育者などの積極的な働きかけによって遊びを知る。	遊びの楽しさを理解する。遊びにふさわしい振る舞いもとれる。遊びの楽しさを追求するために，保育者の援助が必要。	遊びこみ，遊びを発展させる。トラブルの解決もできるだけ自分たちでできるように，保育者が見守る時期。
鬼遊び		保育者との関わりで遊びが引き起こされる。 2～3歳：「追いかけられる」「逃げる」のやりとりを楽しむ。 3～4歳：「追いかける」を楽しむ→トラブルも起きてくるが解決には保育者の助けが必要。	4歳：鬼遊びが概ねイメージできる。遊びが続くためには保育者の助言（たとえば，休み場所をつくる，交代する等のルールの提案）が必要。子どもと一緒にトラブルの解決を考える。	5歳：チーム対抗の鬼遊びが楽しめる。異年齢の子どもにルールを教えたり，ルールを変えたり，新しくつくったりする。トラブルも自分たちで解決できる。保育者は，多様な鬼遊びの経験や普段遊ばない子どもと一緒に遊ぶ経験をつくる。
ボール遊び		1～2歳：操作技能が未熟なため「もて遊び」。 3～4歳前半：投げる，転がる，拾うなど探索的に色々なボール操作をやってみる。ボールは子どもと保育者，子ども同士の関りの仲介物。	4歳後半：ボールをあてる，蹴り合いなどができ，簡単なルールのゲーム（円形ドッジ・ラインサッカー等）を楽しむ。保育者がいれば，30～40分継続する。トラブルには保育者の仲介が必要。	5歳：投げる，受ける，蹴る，つく，などの基本的操作がうまくなり，ゲームを楽しむ。<u>勝敗に関心が示され</u>，自己挑戦する姿もある。保育者は，思いを受け止め，励ましたり，助言したりする。
闘い遊び		1～2歳：身振りは小さく，弱弱しい。自己陶酔的。手加減する意識の芽生えはあるが，十分でないためすぐにけんかになる。	3歳：力が強くなる。相手なしの「エイ！ヤッ！」的な遊び→相手に向けて行う。最初は加減するが，次第に本気になる。相手が泣くと謝ることもあるが，保育者の手助けが必要。保育者は，力の加減やいきなり相手に向かわないなどのルールを伝えたり，トラブルの仲介，安全面への配慮が必要。 4歳：「エイ！ヤッ！」的な闘い遊びは減少する。	5歳：動きがダイナミックに巧みになる。「いいもん」と悪役組に分かれて，悪役を自ら引き受けるようになる。保育者は，闘い遊びの表現的な部分は劇遊びの方向へ，闘いの部分はゲームへと発展させていくような見通しをもつと良い。

（村岡，1996を基に筆者が作成）

子どもの発達を支える専門家として，自らがどのような視点から子どもを観ようとしているのか，どのような視点から発達を捉えようとしているのかに意識的に気付き，その上で援助していくことが，次に要されることであろう。そして，保育経験に伴い変容するであろう，子どもをみる視点について，省察することができると，それを実践知として伝授していくことができるだろう。遊びの発達をみる視点については，今後さらなる実践研究が期待されている。

3 子どもの運動遊びの具体的な姿と保育者の指導・援助

a 0〜2歳児の遊び

乳児期の発達と保育者の援助について，保育所保育指針では，基本的事項として次のように示される。「視覚，聴覚などの感覚や，座る，はう，歩くなどの運動機能が著しく発達し，特定の大人との応答的な関わりを通じて，情緒的な絆が形成されるといった特徴がある。これらの発達の特徴を踏まえて，乳児保育は，愛情豊かに，応答的に行われることが特に必要である」。その上で，「心と体の健康は，相互に密接な関連があるものであることを踏まえ，温かい触れ合いの中で，心と体の発達を促すこと。特に，寝返り，お座り，はいはい，つかまり立ち，伝い歩きなど，発育に応じて，遊びの中で体を動かす機会を十分に確保し，自ら体を動かそうとする意欲が育つように」配慮する。

1歳から2歳の時期においては，「歩き始めから，歩く，走る，跳ぶなどへと，基本的な運動機能が次第に発達し，排泄の自立のための身体的機能も整うようになる。つまむ，めくるなどの指先の機能も発達し，食事，衣類の着脱なども，保育士等の援助の下で自分で行うようになる。発声も明瞭になり，語彙も増加し，自分の意思や欲求を言葉で表出できるようになる。このように自分でできることが増えてくる時期であることから，保育士等は，子どもの生活の安定を図りながら，自分でしようとする気持ちを尊重し，温かく見守るとともに，愛情豊かに，応答的に関わることが必要である」。内容としては，「走る，跳ぶ，登る，押す，引っ張るなど全身を使う遊び」を楽しみ，「子どもの気持ちに配慮した温かい触れ合いの中で（中略）特に，一人一人の発育に応じて，

体を動かす機会を十分に確保し，自ら体を動かそうとする意欲が育つように」配慮する必要がある。以下の事例で具体的にみてみよう。

〈事例1：1歳児「お散歩」9月〉

　気持ちのよい晴れた日に，保育者は，子どもを連れて園庭に出た。先頭に立ち「お散歩だよ」と声をかけながら歩くと，皆がうれしそうに後からついてきた。保育者が「おさんぽ，おさんぽ」と言うと，子どもたちも「おさんぽ，おさんぽ」と声を出しながら歩いていた。保育者が少し早足で歩くと，同じように早足になった。今度は，保育者が「1・2，1・2……」とかけ声をかけて，手を大きく振り，膝を高く上げて歩くと，やはり真似をして「1・2，1・2……」と声を出すが，まだその速さに合わせて，膝を交互に高く上げて歩くことができず，右足だけ高く上げて左足は間に合わず，また右足は高く上げて，その子なりのリズムで歩いた。うまく歩けずにバランスをくずして転んでしまう子どももいた。保育者が面白そうに笑うと，子どもたちも嬉しそうに笑っていた。その後，乳児用のすべり台やトンネルを散歩のコースに見立てて歩き，保育者の後からついて，散歩ごっこを楽しんだ。

　数日後，保育者が部屋で「1・2，1・2……」と声をかけると，数名の子どもが戸外でしたように保育者の後について歩き始めた。保育者が「おさんぽするの？」と声をかけると，数名が加わり，室内でもマットを転がったり，積み木を飛び越えたりしながら散歩ごっこを楽しんだ。

〈考察〉

　これは歩けるようになった子どもが，歩くこと自体を楽しむ姿である。保育者の発するリズミカルな声かけは，その楽しさを共有させ，周りの人といることの心地よさをもたらす。このような身体的で即時的な応答を繰り返す中で，保育者は信頼関係を築き，保護者に代わる心の安全基地となっていく。子どもの興味や意欲を大切にしながら，心ゆくまでその動きや遊びを楽しめ

るように，見守る姿勢が大切であろう。また，**写真3−1**のように，身近な場所に，走る，跳ぶ，登る，転がる，這うなど多様な動きができる環境を準備することも重要である。楽しい遊びの積み重ねが，子どもの心身の充足感につながっていく。

写真3−1 多様に動ける環境

〈事例2：2歳児「砂遊び」10月〉
　園庭に砂場の補充用の砂が届き，大きな山ができた。大勢の子どもたちが砂山の周りに集まってきた。保育者が「山登り～」と言いながら砂山に登ると，子どもたちも歓声を上げながら砂山に登った。しばらく山で遊んでから保育者が「お引越しだよ」「わっしょい，わっしょい」「郵便で～す」と，様々にイメージ化しながら山の砂をバケツに入れて砂場へ運び始めると，その雰囲気を楽しみながら砂遊びが始まった。子ども一人一人が様々に砂と関わって楽しんでいる。保育者と一緒にごっこ遊びをしながら運ぶ子，バケツを山盛りにして運ぶ子，砂場にできる山がだんだん大きくなることがうれしくて何度も運ぶ子がいる。また，運ぶことに興味はないが，砂のバケツを左右に揺らして体のバランスがくずれる感覚を味わう子，砂を握って指から砂がはみ出る感覚を味わう子や，その砂を投げる子，足を砂に埋める子，山の上に座る子がいる。このように自分なりの砂との関わり方で楽しみを見付け，砂山がすっかりなくなるまで砂遊びが続いた。

〈考察〉
　運動遊びというと，遊具を用いた遊びや，園庭で駆け回るような遊びを思い浮かべることも多いが，真似することや見立て遊びを楽しむ2歳児になると，

砂場では，事例のように，個々のイメージや楽しみ方によってはダイナミックに体を動かして遊ぶ姿が見られる。その姿はまさに運動遊びといえる。保育者は，個々の子どもが何を楽しみ，夢中になっているのかを見極め，必要に応じて，イメージを共有した関わりや見守りをしていく必要がある。また，個々の遊びの楽しさは，内的なイメージの連想や変化はもちろん，周りの子どもや保育者の存在など外的な刺激によって移ろいゆくことを理解し，個々が存分に心と体を動かすことのできるよう空間配置や道具の準備などに配慮するとよい。

b　3歳児の遊び

3，4，5歳児では，「運動機能の発達により，基本的な動作が一通りできるようになるとともに，基本的な生活習慣もほぼ自立できるようになる。理解する語彙数が急激に増加し，知的興味や関心も高まってくる。仲間と遊び，仲間の中の一人という自覚が生じ，集団的な遊びや協同的な活動も見られるようになる。これらの発達の特徴を踏まえて，この時期の保育においては，個の成長と集団としての活動の充実が図られるようにしなければならない（保育所保育指針）」そして，ねらいを達成するうえで，次のことに留意する。「①心と体の健康は，相互に密接な関連があるものであることを踏まえ，子どもが保育士等や他の子どもとの温かい触れ合いの中で自己の存在感や充実感を味わうことなどを基盤として，しなやかな心と体の発達を促すこと。特に，十分に体を動かす気持ちよさを体験し，自ら体を動かそうとする意欲が育つようにすること。②様々な遊びの中で，子どもが興味や関心，能力に応じて全身を使って活動することにより，体を動かす楽しさを味わい，自分の体を大切にしようとする気持ちが育つようにすること。その際，多様な動きを経験する中で，体の動きを調整するようにすること。③自然の中で伸び伸びと体を動かして遊ぶことにより，体の諸機能の発達が促されることに留意し，子どもの興味や関心が戸外にも向くようにすること。その際，子どもの動線に配慮した園庭や遊具の配置などを工夫すること」。

特に3歳児では，以下のような特性が見られる。

・幼稚園においては初めての集団生活であるため，保育者を頼りにし，常に

保育者との関係を求めることが多く，自分のしていることや，できることを見てほしい，ほめてほしいという気持ちが強い。
・友達の存在も大きく，一緒にいたり，真似したりすることで楽しさを感じ，その楽しさが原動力となり，新しい遊びに挑戦することもある。
では具体的に事例をみてみよう。

〈事例3：3歳児「ママがいなくても登れるんだよ」9月中旬〉
〜保育者に見守られながら，友達と同じように固定遊具に挑戦する〜
〈背景〉園庭にある「つるつるお山」は，よじ登りや中に入ることを楽しめるドーム状の固定遊具である（**写真3−2**）。その高さ，表面の滑らかさ，形状から，入園時の幼児が初めての挑戦ですぐに登ることのできそうなものではなく，いかにも登ることの難しそうな，でも自力で登ってみたくなるシンボル的な遊具である。3歳児は，体の基礎的能力がつき，よじ登るという動きを調整する能力が備わってくる時期であり，園での生活に慣れていく中で，つるつるお山に挑戦することが楽しくなってくる頃である。入園から半年ほど経つこの時期には，保育者に見守られながら，周りの友達と一緒に体を動かすことを楽しむなどをねらいとして，子どもたちの挑戦したい気持ちを受け止めながら，様々な体の動きを経験させたい。

〈事例〉アリサが「先生，来て。先生，見てて，自分で登れる」と保育者を手招きし，つるつるお山に誘う。そこで，登ろうとしても登れずにいるダイキを見付け，ハヅキが「くつ，脱ぐと登れるよ。そしたら，ハヅキみたいに（登って）ね」と言う。<u>保育者がハヅキに視線を送ると</u>，ハヅキは「ママ

写真3−2 つるつるお山

がいなくても，登れるんだよ」と保育者に自慢げに言い，急いで靴下を脱いで見せ，必死に登り上がっていく。アリサもハヅキに続いて，登っていく。コウヤも「こうすればいいんだよ」と足を速く動かしてよじ登って見せる。ダイキは，ぴょんぴょんと飛び跳ねて真似ようとするが，登れずにいる。

　すると，頂上にいたエリが手を伸ばして，ダイキを引っ張り上げようとする。ダイキが必死に足を踏ん張って動かし，なんとか頂上につくと，保育者とともに「すっごーい」と周りの子どもたちが言って拍手をし，みんなが頂上に辿り着いたことを顔を見合わせて喜ぶ。保育者が「すごい，みんながおしえたらダイキくんは登れたね」と言うと「ハヅキ，おしえてあげた」と得意顔になる。頂上で「立ってみる」とエリが立ち上がると，アリサ，ハヅキ，コウヤも，恐る恐るゆっくり立ち上がってみる。「ヤッホー」とハヅキがうれしそうに叫んだ。お山の下から保育者が口元に手をやり「ヤッホー」と返事を返すと，頂上にいた子どもたちも，コウヤも保育者と同じように口元に手をやって「ヤッホー，ヤッホー」と笑顔で繰り返す。

〈考察〉

　この場面の子どもたちは，手伝ってもらわなくてもいいけれど見守っていてほしい，保育者が見守っていてくれるなら挑戦できる，できる自分を見ていてほしいという思いでいる。下線部のように，保育者が見ているだけで，子どもたちは認められようと自分の力を出している。"母親がその場にいなくても，保育者が見守れば大丈夫，自分はできる"という自信をもっている様子は，依存から自立に向かう姿ととらえられる。

　また，子ども同士のやりとりから，半年間一緒に過ごしてきたクラスの友達と，慣れ親しんできていることがわかる。友達も，自分と同じように登ってほしい，少し前のできない自分を知っているからなんとかしてあげたい，友達もきっとできるようになるという3歳児なりの友達への思いや見通しから応援し

ていることがわかる。ダイキも，応援にこたえるように，友達ができるなら自分もできそうだな，自分も同じようにやってみたいと，心を動かし，体を一生懸命動かして，挑戦している。よじ登るという，今までやったことのない新しい動きを，やってみたいと感じ，自らの力を出し経験できたのである。頂上で立ち上がった時には，園の風景が今までと違って見えていたことだろう。その開放感と達成感から気分がよくなり，思わずみんなで「ヤッホー」と自信に満ちて声をあげている。保育者が口元に手をやり「ヤッホー」と返すと，子どもたちも真似て口元に手をやったことから，保育者の言葉やしぐさを頂上からもよく見ていることがわかる。子どもたちは保育者を意識し，心のよりどころとして，自らの力を試しているのである。

〈事例4：3歳児「もう一回，もう一回」9月中旬〉
～保育者を真似てスタートの旗を振る子と合図に合わせ走り出す子どもたち～
〈背景〉3歳児にとって初めての運動会が近づいている。保育者は，運動会が，子どもたちと家族にとって特別な一日となることを願いながらも，「運動会」のために日々を過ごしているのではなく，毎日の保育の延長線上の一コマに運動会があるとし，一人一人の体験の過程を大切に見守り，援助している。「友達と一緒に力いっぱい走る心地よさを味わってほしい」というねらいのもと，かけっこを楽しむことも多くなっている。3歳児は，毎日の遊びを通して，また，5歳児，4歳児，そして保育者の真剣な姿や語りかけなどから，運動会への期待や意欲も膨らんできている。
〈事例〉運動会に向けて5歳児がかけっこに取り組む姿を，3歳児は身近に見てきた。保育者が「よーい」と言うと，5歳児を真似て走り出すポーズを決め，「ドン」の合図で，園庭の端まで走り出すことを楽しむようになっていた。走り終えると，またすぐにスタートラインに戻っては，「もう一回，もう一回」と声があがる。何度もかけっこを繰り返していたところ，園庭の半ばでアカリが転んでしまった。保育者が心配そうに駆け寄る

と，他の子もアカリの周りに集まった。ミクはアカリの顔を覗き込み，表情を見ている。アカリが泣いていないから大丈夫だと確認できた様子で，ミクは笑顔になった。そしてスタート地点に戻ったミクは，保育者が使っていた旗を手に持ち，「よーい！」と大きな声を張りあげた（**写真3-3**）。

写真3-3　よーいどん

すると他の子どもたちがミクの「よーい！」の声に反応してスタート地点に集まり，"よーい"のポーズを決めた。ミクが「ドン！」と言い旗をあげると，子どもたちが一度に走り出した。保育者がいなくても，ミクが，保育者がやっていたスタートの合図の役割をすることで，周りの友達が進んでかけっこを楽しむようになった。保育者とアカリは，園庭の隅で，スタートした子どもたちを笑顔で見つめていた。

〈考察〉

走るという体の基礎的能力がついた子どもたちが，かけっこを自ら進んで楽しんでいる。一生懸命に腕を振り，足を運び，遊び慣れてきた園庭を駆け進み，自分なりのペースで全速力を出すことは，とても心地よいものだろう。この場面では，途中から保育者がいなくても，3歳児だけで自分たちでかけっこを継続している。かけっこを楽しむ中で友達と一緒にスタートの合図に合わせて走り出すことや，一直線に思い切り走る爽快感を味わい楽しんでいる。

保育者は，子どもたちが自分たちでかけっこを楽しむようになることを予想し，スタートの旗を握りやすく危険のないように，軽くて扱いやすい紙の筒で作って準備をしていた。かけっこの途中でアカリが転んでしまい，保育者がアカリに対応すると，周りの子どもたちは保育者と同じようにアカリを気にかけ近寄っている。友達の様子を気にかけるというこの温い関係は，保育者がよき

3章　自ら生き生きと動く子どもを育てる　69

モデルとなって子どもたち一人一人に関わってきた結果であり，3歳児の成長の姿であるといえよう。保育者がスタートの旗や，スタートラインなどの遊びの環境を整えておくことで，遊び出すきっかけがあると，子どもたちは，子ども同士のよき関係性をベースにして，保育者と少し距離を置いても友達と一緒に遊び出せるようになっている。保育者は，アカリが安定した状態になるまで，スタートの合図をミクに任せることにして，アカリと一緒に過ごしつつも，子どもたちの自発的なかけっこの姿を応援し，見届けている。

c　4歳児の遊び

・情緒が安定すると，周りの環境に好奇心旺盛に関わり，満足するまで繰り返し遊びを楽しんだり，自分の力を発揮して遊びを充実させたりする。

・友達同士で互いに影響し合い，一緒に遊ぶことを通して，葛藤や衝突も経験しながら，気の合った友達とつながりを深めていく。

・運動機能が発達してきて，全身を動かして遊ぶことをより楽しむようになる。

・ルールや勝敗も理解し始めるが，遊びを楽しんで継続するためには保育者の援助が必要である。

〈事例5：4歳児「ボールあるよ，よしよし」9月下旬〉
　～ボール遊びを通して感情をぶつけ合いながらも遊びを継続する二人～
　〈背景〉4歳の頃になると，遊びの楽しさを味わい，遊びの楽しさをより追求するようになると同時に，友達と好んで一緒に遊んだり，遊びを工夫したりする場面も見られるようになる。一方で，友達との間で意思のぶつかり合いや，葛藤も多く体験するようにもなる。保育者は，互いに気持ちを出し合いながら，一緒に体を動かすことを楽しむことで，他者を理解しようとする力や，自分の気持ちを自分なりに表現する力も身につけていってほしいと考えていた。
　〈事例〉ショウとヒロキが同じ色のボールをそれぞれに蹴ったり投げたりして楽しんでいた。遊んでいるうちに，互いのボールが同じ方向に動

70

き，どちらがどちらのボールかわからなくなってしまった。ショウとヒロ
キが一つのボールを自分が使っていたボールだと思い込み，取り合いに
なった。ヒロキがボールを抱え取ると，ショウの表情が曇った。

　そこへユウキが駆け寄り，「それ，ショウくんが使っていたボールだよ，
ぼく見てたもん」とボールを持っているヒロキに向かって言った。する
と，ショウは，抑えていた感情が一気に込みあがり，「わあー」と大きな
声で泣き出した。ヒロキは泣かず，肩で息を切らしてボールを抱え，顔
を真っ赤にしている。そして，泣き止まないショウをじっと険しい表情で
見つめる。保育者が「どうしたの？」と思いを聞くと，「ショウが使って
いたボールなのに，ヒロキくんが取ったんだもん」とショウが言う。ヒロ
キはショウの泣き顔を見つめながらじっとボールを抱えている。その雰
囲気を感じ取ったクラスの他の友達も近づいてきた。保育者が「同じボー
ルだったんだね。誰が使っていたボールか先生にもわからないな」とつ
ぶやく。ボールをしっかり持ったままのヒロキと，泣き止まないショウ
は，互いに言葉はなく見合ったままでいる。保育者もしばらく様子を見守
る。すると，ナオトがもう一つの同じ色のボール拾ってきてショウに手渡
し，「ボールあるよ，よしよし」と言いながら赤ちゃんをあやすように顔
を覗き込んでショウの頭を撫でた。ショウは，頭を撫でられ，泣いていた
はずが，「ブッ！」と噴き出し急に笑い出した。すると，笑い出したショ
ウを見て，ヒロキも一緒に笑い出した。保育者が「ヒロキくんもショウく
んも，どっちが自分のボールかわからなくなったのかな？　二人ともこの
ボールが自分のボールだと思ったんだよね」というと，二人とも笑顔でう
なずき，また二人一緒にそれぞれのボールを蹴り出した。

〈考察〉

気の合う二人は，ボールをそれぞれに蹴ったり投げたりし，ボールとの関わ
りを繰り返し楽しんでいる。しかし，途中でボールの取り合いでトラブルに
なった。ショウはユウキに自分の思いを理解してもらえたことで，泣くことで

抑えていた自分の感情を出すことができている。ヒロキは自分のものだと，ユウキの言葉と泣き出すショウに納得していないことを，無言で表現している。自分が持ったことを責められたと感じ，ショウの泣き顔に戸惑っているのだろう。

　そのような状況に，ナオトが，もう一つのボールをショウに拾い渡しなだめることで，場の空気が一変している。ナオトになだめられたことで，ショウは嬉しい気持ちになり，同時に泣き止まずにいる幼い自分に気付かされたのだろう。トラブルを見ていられずに解決に導いたナオト，ユウキやナオトに支えられたショウ，追い込まれたが安心したヒロキ，それぞれが友達と感情を重ね合い，自分の思いと向き合う機会となった。保育者は，感情を出し合っている場面に寄り添い，周りの友達も含めてじっくり関わり，互いの感情に気付き合う機会にしている。友達と関わる中で，葛藤という感情体験をしている。心を揺らしながら友達と心地よく過ごすために折り合いをつけようとしている。

　保育者は，場の解決を急がず，自分の思いを出し合う時間を大事にすることで，4歳児なりの自分たちで解決に向かう場面に寄り添うことで支えている。このように，4歳児の運動遊びでは，単に体を動かしているだけでなく，取り合いや思いの違い，勝敗へのこだわりから，トラブルや感情のぶつかり合う場面が少なくない。保育者は，心と体の双方を育てるために，友達関係を仲立ちしながら運動遊びを支えていくことが必要である。自分が夢中になる楽しい遊びの傍らには，同様の体験をしている友達がいる。だからこそ，共感もするし，対立関係となり葛藤もする。運動遊びは，友達関係の深まりを根底で支えているといえる。

　〈事例6：4歳児「よーい！うどん！成功！」9月下旬雨天〉
　〜自分たちの発想で遊びをより楽しく創り出していく子どもたち〜
　〈背景〉4歳児クラスの子どもたちは，運動会の種目としてフラフープにビニールを張り，荷物を載せて運ぶ，荷物運び競争を経験していた。また，『よーいどん！』（中川ひろたか著，童心社）の絵本に出てくる「よー

い，うどん！」の響きと可笑しさに魅せられ，真似して遊ぶ姿も見られた。4歳児は，全身のバランスをとる力が発達し，様々な遊びに挑戦するようになる時期である。保育者は，友達と一緒に，運動会をきっかけに，様々な運動遊びに親しんでほしいと願っていた。

〈事例〉雨天のある日，戸外でいつものように園庭で荷物運び競争はできないが，ノドカとマイは，狭いテラスでも，荷物運びを楽しもうとしていた。しかし，うまく運べず，手元からフラフープが外れて縦に回り，テラスを転がっていった。「わあー」と歓声を上げ，ノドカとマイは，転がっていくフラフープを見つめた。すると二人は，荷物運びではなく，フラフープをそれぞれ一つずつ縦に持ち，転がす遊びを始めた。そこに，ハヤトが加わり，「ノドカちゃん，成功！」と長く縦に転がった方を成功と言い，拍手を送る。ミカも拍手をする役になって加わる。テラスが賑やかになってきたことに気付いた周りの友達もその様子を見に近付いてきた。

カナは順番に並ぶような立ち位置にくるが，なかなか自分の番にはならない。カナの表情が曇り，テラスの端にプイッと駆けていく。集まって遊んでいた子どもたちが，その空気を察してフラフープ転がし遊びが止まった。ノドカが「カナちゃん，フラフープ貸してあげるよ，ノドカはよーいドンする人やるからね」と交代しようとするが，カナはすんなり交代することには抵抗がある様子で動かない。状況を部屋から見ていた保育者がテラスに出て，「先生も入れて」と言うと，子どもたちが口々に「いいよ」と応えた。保育者は，「ここで待っていればいいの？」と並ぶ立ち位置を示す。ふてくされていたカナが戻ってきて「カナもここで待っていよーっと」と，保育者の後ろに並んだ。保育者が加わると，部屋からさらに3人が出てきて，列をつくり順番にフラフープ転がしで遊びだした。子どもたちは「よーいドン」を言う子も交代し始めた。保育者は「よーい！うどん」「よーい！どんぶり」とスタートの合図を面白くし，うまく回った子には「せいこーう！」と大きな声でほめるなど，声のかけ方に変化をつけては，みんなの笑いを誘い，楽しい雰囲気が生まれるように努めた。しか

し，カーブしてしまう子や，スタートから進まない子などフラフープの動きは様々である。繰り返しやってもうまく回らない子は，だんだん不愉快そうな表情になっていく。保育者は，「じゃあ，先生のところまで届くかな？」とゴールの的になり，両手を広げてスタンバイした。すると，スタートの時点から，保育者に目を向け，保育者を目指して慎重に回し始めるようになった。「ここまでおいで」「まっすぐ回ったね」「マリちゃんの回し方は上手だね」など言葉をかけることで，保育者というゴールに向かい，上手な友達のやり方に注目して繰り返すうちに，フラフープをまっすぐに転がすようになっていった（**写真3−4**）。

写真3−4 フラフープころがし

〈考察〉

　この場面の子どもたちは，運動会の種目を自分たちで遊びすすめているうちに，偶発的にフラフープが縦に回った動きの面白さから，フラフープを縦に回すという新しい遊びをつくり出し挑戦している。手と足を使い，バランスを整え，フラフープがまっすぐに進むようタイミングよく離す遊びになった。また，これまでの経験から，「よーいドン」とスタートの合図を出す人や，「成功！」と結果のジャッジを言う人など役割も出ている。遊びが盛り上がってきた雰囲気に誘われて，カナも，遊びに加わりたくなったが，どのように加わったらよいのか，タイミングもつかめずにいた。周りの子どもたちは遊びに夢中であったにもかかわらず，カナの気持ちを察していることから，4歳児が友達に関心がよく向いていることがわかる。しかし，自分たちで順番に交代しながら進めることはできなかった。そこで，保育者が仲間として入り込み，順番に並んでモデルとなることで，"順番ですよ"と保育者に言われなくても交代が

自ら進んで行えるようになっている。遊びの中でやってみたいという思いが、周りの状況に自分がどのように加わっていくとよいかを考える機会になっている。そして保育者がゴールの的になったことで、目標が定まり、"成功"が少なかった子どもたちも、よりうまく回せるようになりたいという意欲を高めることができている。

〈事例7：4歳児「ぜんぶいれよう」9月中旬〉
〜異年齢の友達に魅力を感じ、一緒に遊びを楽しんでいく子どもたち〜
〈背景〉4月から運動遊びを中心に、異年齢交流を重ねてきた。3, 4, 5歳児が互いに親しみを感じ、それぞれの遊びに進んで加わるようになってきた。保育者は、異年齢の友達に親しみを感じながら、一緒に遊びを楽しんでほしいと願っていた。そこで、運動会においても、異年齢で協力する姿が見られることを願い、玉入れのルールを次のようにしてみた。玉の数の多い方が勝つのではなく、最後まで全部の玉がかごに先に入った方が勝ちという遊び方で楽しんでみた。

〈事例〉5歳児が紅白対抗戦で玉入れをしている。そこに、4歳児3名が「入れて」と言い加わった。なんとか最後の玉を入れようと、みんなで注目している（**写真3-5**）。最後の玉を持った子が、かごに入らずはずれると、みんなが口をそろえて「あー」と大きな声をあげる。保育者に向かって4歳児のアキが「先生、がんばるよ」と真剣な表情で言う。最後の玉は、何度もこぼれ落ちる。拾い当てた子どもは必死にかごに向かって玉を投げる。そして最後の玉がようやく入ると、「やったー」とみんなで声をあげて飛び跳ねる。すぐにもう一回初めか

写真3-5 玉入れ

らやり出そうと，子どもたちは，自分たちで玉を園庭に散らばらせ広げ，準備をすすめる。保育者が「次も負けないぞー」と言うと，子どもたちが保育者の声を受けて「オー」と声をそろえてこたえる。

5歳児のダイキは，「みんな，4つ持って」と4歳児のアキとケントにアドバイスをする。5歳児に言われた通り，アキとケントは，4つの玉を抱きかかえスタンバイする。始まると，4歳児も，しっかりかごをねらい，抱きかかえている玉を落とさないようにしながら，一つ一つの玉を丁寧に投げる。投げた後もじっと見届け，玉がかごに入ったか，入らなかったかを確認している。入ると「入った」とたくましく大きな声で言う。保育者が「どうしたら入るの？」と聞くと，5歳児のエイトが「ジャンプして」と跳び上がって見せながら言う。すると周りの4歳児が真似てジャンプをし始める。5歳児のフミカが「こっちからの方が入りやすいよ」と言うと4歳児のアキが5歳児のフミカにくっつくように近寄る。また，別の遊びをしていた4歳児のシュンが楽しそうな雰囲気に誘われるように近づき，「赤チームがんばれ！絶対勝ってー」と応援を始める。

何度も繰り返し，汗をかいてクタクタになったアキとケントは，ベンチに座り，持参しているお茶を飲んだ。二人で寄り添い，額に汗をかきながら，アキは「くやしー」，ケントは「なんだか楽しくなってきたね」と互いに顔を見合わせながらつぶやく。

〈考察〉

最後の玉がかごに入るまでという一つの場面にみんなが注目している。子どもたちは異年齢でも，玉を拾い，投げ入れることを繰り返すという動きの中で，期待感，緊張感を共有し遊びを楽しんでいる。自分の気持ちを自分で高めたい，保育者に認められたい様子で，4歳児のアキは「先生，がんばるよ」と意気込んでいる。最後の玉が入った瞬間には，達成感をみんなで味わい，すぐに玉を園庭に広げている様子から再度の挑戦に意欲をつなげていることがわかる。意気投合していて何度も挑戦する中，保育者が「次も負けないぞー」と掛け声を

あげると，子どもたちが保育者の声を受けて「オー」と大きな声をそろえている。掛け声をかけることでさらに仲間意識と集中力が高まってきている。

全部入れるという目標をもったことで，かごに入れるためにかごに着目できるようになった。また，数撃てば当たるではなく，一つ一つの玉を丁寧に扱い，入ったかどうかという，行動の結果を見届けている。玉を4つ持つことや，立ち位置についての5歳児のアドバイスを素直に聞き入れた4歳児は，5歳児への信頼と憧れを示している。保育者の「どうしたら入るの？」という問いかけを子どもたちがよく聞いており，4歳児ももっとうまく投げたいという強い思いから5歳児の真似をしている。この根底には，5歳児を信頼できるというこれまでの人間関係のつながりがある。また4歳児の友達同士でも，くやしいけど楽しいと伝え合う姿から，汗をかきながら一生懸命だからこそその楽しさを実感していることがわかる。

"投げる"動きにはコツが必要であり，その伝授などから異年齢の交流が生まれやすい。特に玉入れは，運動会においては，保護者や祖父母と混合で企画されることも多い。玉入れの楽しさは，一人一人の「投げる」能力の優劣を競うというよりも，いくつもの玉が同時に空を飛び交う非日常的な歓喜の世界や，時に顔に当たってしまいながらも必死に球を入れようとする滑稽な自分への可笑しさにあるように思われるが，子どもにとっては一つの玉をかごを目掛けて投げ入れるという動き自体に，夢中になる楽しさの本質があるともいえる。

d　5歳児の遊び

・ルールや勝敗のある遊びや，友達との中で役割や共通の目的をもった協同的な遊びを楽しむようになる。

・自分なりの目標をもって挑戦したり，できるために必要なことを自分なりに考えて試したりする。

・友達同士で刺激を受けたり，励まし合ったり，葛藤を味わったりする。保育者は応援したり，共感したり，つまずきを援助したりしながら，個々の心身の育ちを支えていきたい。

〈事例8：5歳児「跳び箱やろうと思ったら，お友達がいたんだもん」9月中旬——同じ目的で同じ場所で過ごしたことが，仲良くなるきっかけになった二人〉

〈**背景**〉5歳の頃になると，様々な遊びの体験や園生活全般を通して，子どもたちの間には仲間意識が芽生え，協調性も育っていく。また，これまでの挑戦や挫折，励まされたり，励ましたりの体験を通して，やってみたい，さらに挑戦しようという意欲が育ってきている。この時期には，仲間意識をもちながら，友達と一緒に運動遊びに挑戦する機会を大切にしたい。

跳び箱は，これまで遊具として遊びに取り入れられ，乗っており，乗って跳びおりる，手をついて座る等「跳び越える」だけではない遊び方をすることで，子どもたちに慣れ親しまれてきた。5歳になると，「跳び越える」ことに挑戦する子どもたちも出てきた。

〈**事例**〉アンナと途中入園したサワは跳び箱の3段の開脚跳びに繰り返し挑戦していた。アンナは，跳び箱の3段を跳ぶことができるようになった。アンナは自信たっぷりで「跳び箱，かんたんかんたん！」と言葉にしてから走り出して跳び箱を繰り返し跳んでいる。跳び終えると満足そうな笑顔になっている。サワもアンナに続き，一緒に並んでは，跳び箱に繰り返し挑戦している。サワは跳び箱の経験が少ないため，跳べる時と，跳び箱に座り込んでしまう時がある。アンナが「ちょっと，休憩」とつぶやくと，サワも「私もちょっと休憩」と言葉を出し，アンナの後ろをついていく。アンナがベンチに座ってお茶を飲み出すと，サワはアンナの横にぴったりくっつくように座り，同じようにお茶を飲む。そこに保育者が近づき「さっきから見ていたよ，何回も跳び箱に挑戦しているね」と二人の挑戦意欲を認めるように声をかけると，サワが「うん，私たち，跳び箱がうまいんだよ，ねーアンナちゃん」とアンナの顔を覗き込む。アンナはにっこり笑う。「そうなのね，私たちってことは，アンナちゃんとサワちゃん，仲良しなのね」と保育者が言うと，サワが「うん，だってね，跳び箱やろう

と思ったら，アンナちゃんがいたんだもん。だから一緒にやっていたから，仲良しになったんだよ，ねー，アンナちゃん！」と嬉しそうに同意を求めるようにアンナに向かって言う。アンナはゆっくりうなずいて笑顔でいる。アンナがまた跳び箱のところに行くと，サワも慌てて水筒を戻し，アンナの後ろについてまた跳び箱への挑戦を繰り返していく。

〈考察〉

　この事例は，跳び箱への挑戦で友達との関わりが生まれ，コミュニケーションのうれしさを実感している場面である。このような跳び箱に繰り返し挑戦するという運動遊びの場面では，子どもの育ちを技術の上達に見いだしやすい。しかし，サワの「跳び箱やろうと思ったら，アンナちゃんがいたんだもん。だから一緒にやっていたから，仲良しになったんだよ，ねーアンナちゃん！」という言葉から，運動場面を通して友達とのつながりが育ち，友達がいるから一緒に頑張ることができるという意欲の向上を読み取ることができる。アンナは，また，サワの「私たち」や「ねー」という言葉（二重線部）や同調的な行動（下線部）により，自分がサワに好意をもたれていることを知り，嬉しく感じたと考える。アンナは，跳び箱ならできるという自信と，できる自分についてきてくれるサワの存在を通して，自分が認められたことを心強く感じたことだろう。友達への親近感が高まることが，友達と同じように跳べるようになりたいという運動への向上心を支えることにつながっている。

〈事例９：５歳児「帽子が取れるくらいだよ」９月初旬──アドバイスをする子ども，アドバイスを受け入れ挑戦する子ども〉

　〈背景〉３歳児の頃から，園庭にある鉄棒に慣れ親しんできた子どもたちは，ぶらさがる，足抜き回り，前回り，逆上がり，と少しずつ難易度の高い技に挑戦するようになる。鉄棒遊びには，自分の体を支える腕力や平衡感覚が必要であるが，自分の体が宙に浮いたり，世界がまわるような感覚を楽しみ，何度も繰り返しているうちに，楽しみながらできるように

なっていく。一方，多様な体験の中で，自分でやりたいと思う自立心や，できるようになるまで頑張ろうとする根気強さも育っていく。5歳児にとって，鉄棒遊びはその過程がつぶさに見られる場面の一つでもある。保育者は，単純に「技ができる，できない」という視点ではなく，一人一人の子どもが何に挑戦したいと思っていて，どこにつまずいているのかを考え，友達との関係性を大切にしながら，個々に必要な援助を考えている。

〈事例〉レオナは逆上がりに繰り返し挑戦する中で「グルリンパ（体が回転）する時に，下（地面）にゴッツンコするとこわい」と鉄棒を握りながら保育者につぶやく。保育者が「そうなんだね」と気持ちを受け止める。すると，レオナは「いそいでー，だって早くいかなきゃー」と自分に言いきかせるように叫びながら，鉄棒に向かって走り，逆上がりに挑戦する。だが，足は勢いよく上がり，鉄棒まで近づくが地面に戻ってしまう。鉄棒が得意なユイがレオナと交代して，レオナの前で繰り返し軽々と逆上がりをやってみせる。保育者が「レオナちゃんと，ユイちゃんは何が違うのかな？」と言葉をかけるとレオナは首をかしげる。保育者が「何が違うのか見てみる？」とレオナに声をかけ，ユイの逆上がりの様子を真横から一緒に見てみる。レオナが「ここで蹴ってる！　ポーンと蹴ってる」とユイの足の動きに気付く。ユイは「帽子が取れるくらいだよ」と，速い動きが必要であることをレオナに伝える。すると，レオナが，スタート位置に急いで戻り，まず帽子を両手で上下に動かし，カポカポと動かして緩め，取れやすいようにした。レオナは「あそこでグルリンパなればいい！」と自分に言いきかせるようにつぶやく。挑戦するが「やっぱり，こわい……」と尻込みする。様子を見ていたユイが「こわい時は，一回目をつむるといいよ，一回我慢してやってみて！」と後押しする。レオナは「はーい！」と張り切って返事をし，挑戦するが思うようには足が上がらずまた失敗してしまう。自分なりに我慢したはずなのに逆上がりができなかったレオナは「どうやって我慢する？」とユイに聞く。ユイは「だったら，もう，シュッてやれば，我慢いらないよ！　蹴るのは強くないとダメだよ」と

強い口調で励ますように言う。レオナは「下に蹴る？　上に蹴る？」と聞く。ユイは「下に蹴るんだよ，何回もやってると，シュッてなるよ」とこたえると，レオナは，また挑戦を繰り返していく。

〈考察〉

　5歳児は運動機能が発達し，たとえば鉄棒において足が地面から離れたところでも，体を様々にコントロールしようとするようになる。友達が何回も挑戦する姿を見てユイは，ユイ自身の逆上がりができるようになるまでの過程を振り返ったにちがいない。簡単にはできないけれど，きっとできるようになるだろうという自分の経験が，レオナへの応援の言葉になっている。レオナのできるようになりたい気持ちもユイは，少し前の自分と重ね十分感じてたことだろう。

　保育者がレオナに，ユイの姿に対し注目するきっかけをつくったことで，レオナとユイのやりとりが始まった。ユイはレオナが粘り強く挑戦できるように，根気よく付き合いよきサポート役になっている。ユイは，自分の経験から，幼児ならではの表現でレオナに言葉をかけてその意味合いをよく伝えている。レオナは，まだまだ逆上がりはできないが，レオナとユイのやり取りが，友達同士のつながりを深める機会になった。「帽子が取れるくらい」「我慢する」「何回もやる」というユイの実体験からくる言葉は，子ども同士だからこその表現で，レオナの気持ちによく響いている。この根気よさと，友達同士のやり取りは，5歳児ならではの姿である。5歳児になると，友達（関係があるからこそ）の支えによって，運動への挑戦ができ，挑戦できる自分や一つずつ前進する自分を確かめられることで自己肯定感も高まるともいえよう。幼児期の育ちは，領域相互が絡み合って総合的に育まれることがわかる。

〈事例10－1：5歳児「リレーってなんだろう？」　9月初旬〉

　リレーごっこにおける子どもの体験の過程と保育者の関わりについて，継続した場面①〜③を通して考えてみたい。

3章　自ら生き生きと動く子どもを育てる　81

〈背景〉秋に行われる運動会に向けて，自由遊びでリレーごっこをする子どもが多くなる。リレーは5歳児の伝統的な種目で，クラスでの対抗戦である。5歳児の姿をみて，3歳児・4歳児の頃からあこがれている子どももいるほどである。リレーはただ「走る」ことだけでなく「バトンをつなぐ」ことでクラス意識を高めたいというねらいもあるが，簡単にはいかない。運動会に向けて学級全体での活動以外で，自然発生的に子どもたちからやりたいという気持ちが生まれ，バトン，アンカーたすきなどを準備する。子どもたちの中には対抗意識もあり，自由遊びでもクラス別の対抗戦となる。8月後半は，ただ走りたいという子が多くいるが，だんだん勝敗を意識する子が増えてきた中でのエピソードである。

①自ら選んでする活動場面

中庭にいた子どもたちは「今日もリレーをやる！」と言い，各クラスの色のバトンを持ち，ラインパウダーでラインを引いたり目印のコーンを置いたり準備の手伝いをしたりする。ゆり組（青チーム）は7人しかいなかった。いつもに比べると人数は少なかったが，どの子も真剣に走っていた。しかし，この日の結果は3位だった。7人は悔しそうな表情をしていた。ユウタは「先生，青が少ないから呼んでくる！」と言って立ち去ると，3人の男の子を連れてきた。

そして2回目のリレーが始まった。ユウタがバトンをもらう時は，やはり3位だったが，力いっぱいに走り他のチームに追いつきそうになりながら，次の子にバトンを渡した。しかし次の子にバトンが渡るとあっという間に離され，また，3位になってしまう。2回目のリレーの結果も3位だった。結果を発表する時，ユウタの姿がなかった。ユウタは園舎の裏に隠れ，号泣していた。

②ユウタと担任との話し合いの場面

担任は「ユウタくん，どうしたの？」と尋ねるが，ユウタはただ泣くだ

けである。「なんで泣いているの？　教えて」と言っても，黙っている。「悔しかった？」と聞くと頷き，「1位になりたかった？」と聞くとまた頷く。担任は，「そっか」と言い，ユウタを抱き寄せ，「ユウタくんは頑張っとった。みんなも頑張っとった。でも悔しいね。どうして3位だったと思う？」と言った。ユウタは「すみれ（隣のクラス）はみんな速かった。シュンが速かった。抜かせなかった……」という。担任は，「シュンくんを抜かしたかったんだね。ユウタくんがんばって走っていたよ。先生見てた」と励ますと，ユウタは頷く。担任は，「ねえ。ユウタくん，今のことみんなに話そう。悔しいことも泣いてることも全部クラスのみんなに話してみよう！」と提案する。

③クラスでの話し合いの場面
担任：「みんな集まって！朝，リレーをしていた子がいるんだけど……」
一人の子が「知っている！」と声を上げる。
担任：「ゆり組は2回とも3位でね。ユウタくんは悔しくて」
子どもたちは，口々に「泣いてた……」「バトンを落とした？」「人が少なかったとかじゃない？」と言う。
担任：「ユウタくんに聞いたらそうじゃないって」
子どもたちは「応援がない？」「応援したよ！」と話す。
ユウタ：「違う。ぼくたち全然バトンは落としてない。でも走るのが遅かった」
ハヤト：「そういえば。カズキくんが遅いって，ユヅルくんが言っていた！」
担任：「遅いって？」
ユヅルは目をそらし，カズキは驚く。
担任：「みんなはどう思う？」
ユウタ：「ちょっとハヤトくんも遅いと思う」
（確かに遅かった。子どもたちも一緒に走っていればわかると思った。）

担任:「まず, 遅いって言われたカズキくんはどう?」

カズキ:「いやだ!」

担任:「カズキくん頑張ってたと思うけど」

担任:「ハヤトくんどう?」

ハヤト:「いやだ!」

アイリ:「いやだと思う」

他にも「負けは悔しい」「速く走る練習する」と声が上がり, 数名が立って走る真似をする。そして「遅い人がいると3位」「遅い人がまじってた」と言う。

担任が「じゃあ遅い人はリレー出なくていいの?」と言うと黙っている。

アイリ:「アイリも遅いから練習してる」(確かにアイリは毎日練習していた)

すると, 子どもたちから「練習する!」「いつもバス停まで走る!」と声が上がる。

担任:「アイリちゃんは遅バスで幼稚園につくのは遅くても, 毎日練習してるよね」

「腕ふると速くなる!」という声がするので, 担任は「速く走る方法があるの?」ときくと, 「あるよ」と返ってくる。担任が「他には?」と尋ねると, 子どもたちは考えながら「抜かす!」「次の人が抜かせばいい」と言う。続いて担任は「みんなリレーって何だと思う?」と尋ねると, 「みんなでバトン持ってチームでなんか走るやつ」「みんなが力を合わせる」「走るのは一人じゃない」という意見が出る。ハヤトも「みんなでやるもの」と答える。さらに, 担任が「かけっことは違うんだ?」と尋ねると, 「クラスのみんな青組のみんなで」「みんなで走る」「コーン並べて走る」ハヤトは, 「負けても勝ってもいいこと」と言う。

担任はあらためて, 「リレーって何だろう?」と聞く。今度は女の子が「チームで頑張る」と言う。担任は, 「じゃあ, ゆり組みんなで頑張って

こと？」と言うと,「みんなでやらないと悲しい」「うんチームじゃなくなる」「チームで一気に頑張る」「あきらめたら負ける！」等と口々に言う。担任は「そうだよね！　リレーは1人じゃできない,みんなで力を合わせて最後まで走ろう！　次は勝つぞ！」というと,子どもたちは「オー」と声をそろえる。

　〈担任の気付きと反省〉

　朝の自由遊びから取り組んでいたリレーでのユウタの悔し涙から始まった話し合いであった。この時期大切な子どもの思いだと感じ,話し合いを行った。以前は自分さえ良ければいいと思う発言もあり,クラスの中でも「ぼくは1位だった」という子も多かった。3クラスで競争をする中で,子どもたちはチームで「勝つ喜び」と「負ける悔しさ」を感じはじめていた。リレーは決して一人だけではなく,クラスの仲間の力が必要だということを伝えたいと思い,話し合いに結びつけた。しかし,担任の思いを押し付けているような場面もあり,子どもたち自身が繰り返し遊ぶ中で様々なことを感じたり,納得したりできるようにしなければと反省した。

　〈考察〉

　リレーのよさの一つはいつも1番になれない子でも,1番の気持ちを味わえることである。では,足の速い子にとってどんなに頑張っても負けてしまうというのはどんな体験なのか。正義感の強いユウタは運動もよくできて走るのも速い子である。この日は何度やっても負けてしまう。正義感からクラスの友達で走るのが遅い子のことは責めず,人数が少なかったとか,他のクラスの子が速かったんだと自分に言いきかせるように担任に言うのであった。しかし,自分が負けるのは悔しくて涙が出る。そんな場面を担任がクラス全体の話題として投げかけると,子どもの素直な気持ちを読み取ることができたといえる。

　「そういえば。カズキくんが遅いって,ユヅルくんが言っていた！」とハヤトは言った。誰が見ても,ハヤトも走るのが苦手で速くない子であるが,『遅い』と言われてしまうのがどういうことなのかを担任は子どもたちに投げかけ

た。そして,「リレーとは?」の話し合いに発展した。クラスで意思統一をしながらこれからどうするのかを話し合えたエピソードであった。

〈事例10-2:5歳児「目標をたてよう!」9月初旬〉
① 自由遊びの場面
「リレーやる人?」担任の呼びかけに3クラスの5歳児(室内で遊んでいた子たち)が集まってきた。人数も少なかったので赤白の帽子で分かれてリレーをした。子どもたちの応援は,赤白に分かれているが,実際はクラスが交じっているので名前で応援をしていた。相変わらず男の子たちは勝ち負けにこだわる様子があり,声も大きかった。その影響を受けて,女の子たちも真剣に走っていた。何周かした時のことだった。カナホが思いっきり転んだ。近寄ろうとしたら,カナホはすぐに立ち上がり,また,懸命に走りはじめた。服もズボンも真っ白になりながらも走り続けた。私は駆け寄って思わず抱きしめた。擦りむけた足のケガの手当てをした後,カナホはまたリレーの列に並んだ。

② 朝の会の場面
担任:「今日,先生は朝,すごいと思うことがありました。それはリレーの時,カナホちゃんが転んでもすぐに走り続けたことです。すごく痛かったと思うけど次の子にちゃんとバトンを渡したんだよ。どうだったかな?カナホちゃん?」
カナホ:「勝ちたかった。」
担任:「すごい!」
カナホ:「走らないと負けるから」
担任:「そのままだったらどうなってたかな?」
カナホ:「負ける」
トモヤ:「転んであきらめたら負ける!」
担任:「リレーってさぁ~何?」

子どもたちは「走って勝負して，バトンを渡す」「鬼ごっことは違う」「勝つか負けるか本気！」「転んでもあきらめない！」と口々に答える。

そして，5月に行った竹馬で教材にした絵本『ひろちゃんの竹馬日記』を思い出し「ひろちゃんもそうだった！」と言う。そして，絵本の中で，ひろちゃんが竹馬をうまくできなかった時に父親からメッセージをもらっていたことを思い出し，リレーでも「メッセージがいる！」と閃く。担任は，思わず「えっ誰から？」と言うが，「自分から」「ゆり組の！」と答える。

担任は「竹馬の時はお家の人からもらったメッセージがあったけど，リレーではクラスのみんなで考えるってこと？クラスのメッセージか！目標みたいな？」と聞くと，「見たら強くなる！」「ひろちゃんと一緒だと思う」といい，周りの子同士で話し始める。「みんなで考えたい！」という声から，担任は「力が湧いてくる言葉を考えよう！」と言う。この後，クラスで考えて，「ゆり組なら絶対できる！最後まで頑張る！」というメッセージに決定する。

〈担任の気付きと反省〉

自由遊びでは人数が少ないと混合のリレーになる。混合リレーの良さはクラスを超えて友達を意識できる点で，どのクラスのどういう子が速いかを子どもが見て作戦会議につなげる場面もある。男女差はやはりあるが，名前を呼んで応援されることで友達からの期待を感じ，一層頑張る気持ちにつながるように感じる。今回の話し合いは，担任が感じた朝の自由遊びの場面を話したが，予想しなかったクラスのメッセージづくりにつながった。

〈考察〉

できないことに挑戦することの大変さを感じる中で，5月に行った竹馬で教材にした絵本「ひろちゃんの竹馬日記」（かとうみちこ著，笹氣出版）を思い

1節 事例提供（執筆協力者）：b, c, d（事例1, 2）杉江栄子先生（高浜市立高浜南部幼稚園），d（事例3, 4）加藤道子先生（志学館大学附属幼稚園）

3章　自ら生き生きと動く子どもを育てる　87

出した子どもたちであった。これまでも，あきらめない気持ちや最後まで頑張る気持ちを様々な場面で味わってきた。その体験とリレーでの体験がつながっていたのだと考えられる。自分が走ること，見守られていること，応援されることが嬉しくて力になる体験が結びついたものだと思われる。

2節　子どもの表現と健康

1　子どもの「からだ表現」とは

　ここでは，子どもの心身の健やかな育ちの援助について，子どもの表現という観点，つまり「あらゆる子どもの行為は心の表現である」という視点から，理解を深めたい。

　心身一如という言葉のとおり，私たちの心と体は相互に関連している。自らやってみたいと躍動する心は生き生きとした体に表れ出る一方で，こわばった体は心の緊張や拒絶を表しているのかもしれない。また，日々生きる中で，外界の様々なものに心動かされると同時に，体も様々な変化をしている。体の変化には，体温や呼吸リズムの調整，さらにはミクロレベルでの体内環境の調整のように，体内で起こっている現象もあれば，姿勢やしぐさ，動きのリズムのように，外に見える形として現れ出ているものもある。

　特に，子どもの場合，心のままに，感じていることや想いはそのまま体に表れる。そのような表出も含め，乳幼児期に特有な体の表現をここでは「からだ表現」とよぶことにする。からだ表現の最も初期の素朴な形は，感じていると同時に表しているような，たとえば，お腹を減らして泣きじゃくっている乳児の状態で，空腹を感じると同時に全身でその空腹感を表している。その泣き方は子どもによって異なり，同じ子どもであってもどの程度お腹を減らしているのか，近くに母親がいるのか等によって異なり，常に同じではない。子どものからだ表現が子どもの性格や発達の過程によっても，その時の状況や気分や環境によっても微妙に異なるのはたやすく想像できよう。

子どもの心身の健康を支えるためには，このような子どもの心身の状況や変化といったからだ表現を「察する」ことが要される。つまり，子どもが今どのような気持ちでいるのか，何を欲しているのかを察するということである。そして，からだ表現は身近にいる大人に受け止められ，それに応答する働きかけ（たとえばお乳をもらうこと）によって子どもは満足し，「全能感（ウィニコット，1979）」を味わうこととなる。このような身体的な原初的コミュニケーションが，他者と関係を築いていく上でも原点となる。保育者の「ほどよい」応答は重要である。

幼児期のからだ表現の多くも，直接的で素朴になされる。相手に伝えようという意識がなかったり，たとえ伝えようと思っても，自分の表現が相手に対してどのように伝わるかという意識や予測をせずに表現したりする。それでも，感じたり考えたりしたことを，身振りや動作，顔の表情や声など自分の体を通して，また，音や色，形などを媒介にして，自分なりの方法で表現しようとする。一人で揺れながら歌を口ずさんでいる，空のコップで飲むしぐさをする，泥だんごを熱心につくっている姿は，全て子どもの自分なりの表現である。身近な大人をよく観て真似ることを楽しむ，生き物や乗り物，風船やボールなど，身近なものや興味あるものに「なる」のを楽しむのも，幼児期の子ども特有の姿である。

そして，保育者が子どもの素朴な表現を受容し，遊びの世界を共有すると，子どもの側に，今度は他者へ伝えようとする意識が芽生えてくる。保育者が子どもと共に「かんぱーい」とコップを鳴らして，一緒にゴクゴクと飲むしぐさをすると，そこからごっこ遊びが始まる。そして，表現の手段は発達に伴い豊かに，表現自体も意図や結果への意識が明確になる。たとえば，初めはリズムに合わせたり，変身したり，くるりとまわる動きや過程自体がただ楽しかったり，心地よかったりしたのが，こんなふうにポーズしてみよう，こんな声を出してみようと結果や観られることを意識して劇遊びを楽しむようにもなる。5歳児のように，友達と共通の目的をもって遊びを楽しめるようになってくると，遊びの中での必要性から，幼児自らが台詞や動きにこだわったりする姿も

見られるようになる。

　時には，うまく表現できず，もどかしさや挫折感を味わうこともあるが，そのような経験を通して，周囲の人の中で自己表現するということを学んでいくので，そのような過程こそ重要である。感じたことや考えたことを友達や保育者と共有し，表現し合うことを通して，自他を認め合い，充実感を味わい，さらに自己を表現しようという意欲が芽生えるのである。こうして育まれた充実感や自己肯定感や意欲が，生涯をかけて自分らしく生きていこうとする力の基礎となる。これらが心身の健康の礎であることはいうまでもないだろう。

　近年，遊べない，遊ばない子どもの存在が問題とされる中，プレイセラピー（遊戯療法）という非日常的な枠組みの中で，心身の健康を取り戻そうとする営みがある。プレイセラピーにおいて，遊びは，関係性，表現体験，守りの機能がある（弘中，2000）。安全な時空間で，心を表現し，遊び尽くすことで，心身の健康を創り出しているのである。

　子どもの想いや願いは，時に，保育者にとって「望ましくない」行動として表されることもある。たとえば，活動に参加したがらなかったり，落ち着きがなかったり，不機嫌，暴力的な行為など，子どもは表情やしぐさで，あるいは明確な言葉や言動でそれらを表すことがある。そのような行為や表現にも，子どもの想いや願いが潜んでいることを心に留め，保育者は，想いを受け止めて関わっている。時に，そのような想いを発散させるような「療法的な」遊びの場をつくることがあってもよいだろう。

　子どものからだ表現はあらゆる場面で見られる。子どもの健やかな育ちを援助する者として，子どもの行為の意味を理解しようとすること，子どもの発するシグナルを察すること，そして，応答することの重要性を今一度考えたい。

2　生き生きとした「からだ表現」を促すために

　これまで述べたように，保育者は，日々のあらゆる場面において，子どもの表現を感じ取り応答しながら，子どもとの信頼関係を築いている。そのような日々の信頼関係の下で，表現活動を通して子どもが充実感を感じることができ

れば，子どもはさらに心身を健康に成長させることだろう。「心の願いをみた
す活動をすることができた時，子どもは心の奥深くに満足を感じ，それによっ
て過去の悩みが癒され，未来に向かって自信を持って生きるようになる（津
守，1987）」。ここでは，子どもの生き生きとした表現を促す保育者の援助のポ
イントを考えたい。

a　自由・想像／創造・多様性

本来，遊びは自由なものである。子どもが自ら選んでする活動・自由遊びに
おいても，保育者が内容を意図的に選択し，集団で楽しい活動を行う学級全体
での活動においても，遊びの自由性は保障されるべきである。ことに，表現遊
びにおいては，この自由性が体験の核となっている時，子どもたちは創造的に，
その表現は多様となる。学級全体での活動においては，特に，大人が設定した
「正しい」動きや，「美しい」動きを求める画一的な指導ではなく，一人一人が自
分なりの表現を工夫できるような活動内容や指導となるよう工夫が必要である。

また，自由な雰囲気や表現の多様性は，活動内容によってだけでなく，保育
者の在り方によっても生み出される。たとえば，何かになる活動は，子どもた
ちが大好きな遊びであるが，保育者が「うさぎさんになろう」と言って手を頭
上にあて，ぴょんぴょんと跳ぶしぐさでいつも終わってしまえば，子どもの表
現はそれ以上に自由に拡がることはないかもしれない。モデルとしての保育者
自身が，創造的に表現できるようなテーマを選んだり，多様な動きを示したり
することも大切である。子どもたちの動きを認めていく際にも，多様性を意識
して，「人と違った」表現や子どもなりの工夫に目を配る必要がある。動きを
構成する要素，つまり「体のどこを，どんなふうに（力，時間），どんな空間
を動くのか」についての理解は，子どもの動きをよく観て，新しい動きを引き
出す際に大いに役立つことだろう。

また，常に子ども一人一人の感じ方や表し方は異なる。従って，自分の感じ
たことや思ったことを適切に表現できる手段や方法を選ぶことができるように，
様々な素材や方法を身近に体験できることが重要である。自由遊びの際に，様々
な素材を準備した表現遊びのコーナーをつくっておくのも一つの方法である。

b　活動性

　子どもは体が動くことを通して，心を躍らせたり，心地よさを感じたりする。1節でも述べたように，身体機能の心地よさや発散の楽しさを感じることができるような内容を工夫したい。ただ，表現遊びにおいて，その活動性は，単に動きの大きさや運動量の激しさなどによって測られるものではない。たとえば，亀になった子どもは，ひっそりと岩場に隠れ，じっと佇んでいる。静止した動きの中に溢れんばかりの生命のエネルギーを感じることができれば，「もっと大きく動いて」などという単純な声かけがいかに無駄であるかわかるだろう。

　一方で，運動量的な活動性の大きさによって，子どもの心身への作用は異なるのも事実であるので，たとえば雨で外遊びができず，エネルギーが発散できていないような時には，思い切り体を動かすことができるような内容を考えるとよい。ダイナミックにたくさん動けば動くほど，気持ちは高ぶり，歓喜的な状態となる。ただし，表現遊びは開放的であるので，子どもたちが集団で遊ぶ際には，無秩序になることもよくある。その場合には，枠組み（たとえば，椅子を用意しておく，太鼓の音が鳴ったら動きを静止するなど）を設定しておくこともよい。また，同じ活動をしても，一人一人の表現は異なるので，活動量も異なる。子どもたちの様子をよく観て，保育の一連の流れの中で活動を捉えたい。

c　協同性

　子どもの動きはよく伝わる。集団の中で誰かが泣きだすと皆が泣き出したり，保育室の隅で誰かがくるりとまわると，その動きが周りの子に伝わり，保育室はまるでメリーゴーランドのようにくるくるまわる子どもたちで満たされたりすることがある。大人同士でも，親しい関係や，互いに心地よく居るような場合は，身振りや姿勢，動きのリズムがよく似てくることは同調や同期，共鳴や共振といい，その現象が確認されている。さらに，子どもの場合は，共振する閾値のようなものが低いように思われる。子どもたちは，まるで鳥が一斉に飛び立つように，同じリズムで生き，同じ呼吸で弾むという「体の共生性」

を持っているのではないかといわれる（竹内，1983）。自らの自然な表出行動が他者に伝わり，模倣され，集団の表現活動へと拡がる体験は，子どもが集団の中で自己表現する喜びの原初的体験となるだろう。

　保育活動の中では，このような自然発生的な共振が生まれることは少なくなく，これが集団遊びへと発展したり，皆でリズムダンスを楽しんだりすることにもつながる。保育者自身，子どもと同じリズムにのったり，同じ質感の動きで応えたり，子どもたちと自然に共振的に関わっていることも多いだろう。その時の，子どもたちとつながり合っている感覚を，集団遊びの原点として，心に留めておきたい。

　そして，重要なことに，リズムを共有するとは，皆が同じタイミングで同じ動きをすることではなく，一人一人が自分のリズムで行いながら，それらがうまくかみ合い，調和している状態のことである。先に多様性について述べたように，個々の存在を認め合い，他者の存在の中で響き合う自己を感じられることを体験したい。

d　日常と非日常性

　日常での直接体験は，種々のイメージ（心象）を豊かにする。そして，表現活動の中で，子どもは内面に蓄えられた様々な事象や情景を思い浮かべ，それらを新しく組み立てながら，想像の世界を楽しんでいる。たとえば，じょうろに水を入れて花に水をやるという体験をしたとする。蛇口をひねった時の水がほとばしるように出てくる音や感触，水かさが増して徐々に重くなるじょうろ，こぼさないように歩く自分の体のバランス，花に水をそっとあげようとじょうろを傾ける手加減，土にしみこむ水の動き等，この時子どもが五感で感じ取るこれら種々の瞬間は，子どもの中に，水やじょうろ，花や土のイメージ，さらには自己の身体像を形成させる。五感で感じた経験があるからこそ，そのモノのイメージを蓄積し，たとえそのモノが現前になくとも想像したり，空想したりしながら，多様な手段でそれを表したり，感じたり，考えることができるようになる。初めは保育者がじょうろで水をやる姿をじっと見ている子どもも，自分でやってみたいと思うようになり，実際に触れて心ゆくまで関わ

りを楽しむ。そして，保育室に戻っても，やかんや空き箱をじょうろに見立て水やりのそぶりをしたり，クレヨンでその体験をかいたりする。

また，具体的なもののイメージだけではなく，たとえば，「喜び」や「痛み」のような情動や抽象的なイメージも，「嬉しい」「痛い」といった直接体験を元に形づくられ，それを言葉で他者に伝えるようになる。そして，体を通した体験があるからこそ，他者の喜びや痛みを想像し，共感できるようにもなる。

このような日常の一瞬の積み重ねが，イメージを蓄積させ，「それらが組み合わされて，やがてはいろいろなものを思い浮かべる想像力となり，新しいものをつくり出す力へとつながっていく。乳幼児期から多様な体験を通して，イメージを豊かにする意義はここにある。ややもすると感動や発見は，非日常的な情景や出来事にあるように思うかもしれないが，子どもにとってこれらは日常の中にあり，だからこそ大人は普段見過ごしがちになってしまう。特別な活動ばかりが必要なのではなく，日々の生活体験の大切さをまずは再認識したい。

3　からだ表現遊びの具体的な姿と保育者の指導・援助

ここでは，心身の充実感を伴う「からだ表現」遊びを紹介し，子どもの心身の健康を育む保育実践について考えたい。次に挙げる事例は，子どものからだ表現という視点で実習生として観察したことや実践したことについて書かれたレポートから抜粋（一部変更）したものである。

a　子どもの気付きや表現から活動を発展させる事例

〈事例1：5歳児クラス「雨の日探検に出かけよう」〉

（前略）梅雨時で雨が続き，5歳児クラスの子どもたちは室内で過ごしていた。カズマは外を眺めながら「海がいっぱいだね」と呟いた。実習生は何のことかわからず，カズマの目線を辿ってみるとそれは水たまりのことだった。他の子どもたちも外の様子が気になっていることを考慮して，担任保育者は傘をさして「雨降り探検」という名の散歩に行くことを提案し，クラスみんなで外へ出かけた。早速，かずまくんはあることに気がつ

く。「飛んでいるみたい！」と声を出し，傘をさしながら走っていたのだ。かずまくんは，傘がパラシュートのような役割を果たし，少し浮くような感覚に気付き，楽しそうにイメージをもちながら走っていた。この姿は他の子どもたちにも伝わり，風船や雲など思い思いのイメージをもち，表現しはじめた。（後略）

〈考察〉

　このレポートの後半には，子どもの気付きと表現から活動を発展させる保育者の援助に対する感動が述べられていた。保育者は，子どもの興味や関心や心情に気付き，そのイメージをそのまま遊びへとつないでいる。このように，子どもの表出に「気付く」ことができる感性，子どもの表現を受けて，咄嗟に（実際には，他のクラス担任との場所の相談など，事前に計画されていたかもしれないが）「雨降り探検に行こう」といえる心の自由さは，保育者の素晴らしい力である。この探検の後，子どもたちはさぞかし満足げな様子で保育室に戻ったことだろうと光景が目に浮かぶ事例である。

b　集団遊びにおいて個々の動きに応答しながら，場を創る事例

〈事例2：5歳児クラス「水中めがね」〉

　（前略）実習生として「水中めがね」のからだ表現遊びを行った。子どもたちは，水泳教室でゴーグルを使用していることから，ゴーグル（水中めがね）という単語を聞いてとてもワクワクしている。自分のゴーグルの色や形を自慢げに話す姿もある。子どもたちは，リズムに合わせて，手でゴーグルをつくり，互いの目を見合わせながら，実習生の真似をしていた。「どんな海の生き物がみえる？」と尋ねるとタコやマグロ，わかめ，大きなクジラ，イルカ，カメと答えた。動きは私から発信するのではなく，子どもたち自身が動いている様子を見て，取り入れるようにした。すると自分が表現していることと友達がしていることがまた違うことを発見して楽しんでいる様子や，友達の動きを真似する姿も見られた。恥ずかし

そうに動く子どもも少し見られたが，私が近くで一緒に動くことで，友達とも一緒に楽しむようになった。

　一方で，海の生き物になることに夢中になり，周りのことが見えなくなり，大きなふりを楽しんでいたため，友達とぶつかってしまうなど危険な場面もあった。私は，その様子を見て，大きなふりで動き回る「動」の動きばかりでなく，その場で動くといった「静」の動きが必要だと気がつき，「わかめ」の動きを取り入れると，少し全員がゆっくり周りを見ることができた。（後略）

〈考察〉

　子どもたちは「ゴーグル」という馴染みのある言葉をきっかけに，「海のいきもの」をテーマとして生き生きと表現する姿が見られる。実習生は，子どもたちが興味をもち，イメージしやすい遊びを適切に選択している。また，実習生は友達との関わりを楽しむ様子（下線部）をよく観ていることから，5歳児という年齢を意識し，友達との関わりを楽しんでほしいという実習生の想いも推察される。動きの違いや真似を楽しむ様子には，表現の「多様性」と「協同性」が現れている。

　多様で協同的な表現の場を創るために，実習生は一人一人の動きを認める，近くで一緒に動く（二重線部）といった援助をしている。この場での共感的な関わりが，それまでに形成された互いの信頼関係（その多くは，担任保育士と子どもたちとの間，子どもたち同士であろう）の上に重ねられ，子どもたちは自分なりの表現を工夫することができたのだろう。さらに，実習生は，一連の流れの中で場の雰囲気を感じながら，「静」の動きを取り入れることを試みる。動きに伴う心理的作用をよく理解した働きかけである。

　今回は，安全性の確保という観点から，保育者が新しい動きを提案するに至ったが，ある表現を心ゆくまでを楽しんだ後には，表現の多様性や創造性がさらに拡がるような意図で，新しい動きを提示することがあってもよいだろう。また，子どもの具体的な動きの記述が少なかったのは，実習生自身が個々の動

きの特徴を詳細に観ることができていなかったからかもしれない。1章で示される「多様な動き」という視点や，動きの要素（時間，空間，質感）などを意識することで，動きを観て，動きを拡げる視点がさらに備わることだろう。

　これは実習生が行った保育の事例であるが，実習生として奮闘しながらも，子どもの表現の場に身をおき，子どもと共に表現を楽しむ様子がうかがえる。今日はどんな表現に出会えるかな，こんなことしたらどんな反応をするかななどと保育者自身が表現遊びを楽しみたい。

3節　運動遊びと園環境

　心身の健康な成長を目標にめざましい勢いで発達を遂げている乳幼児期の子どもにとって，運動遊びは欠かせないものである。多様な運動遊びの経験を通じて基本的な動きを身に付けるだけでなく，生涯にわたって健康を維持し，積極的に様々な活動に取り組み，健康で豊かな人生を送っていく基盤となるのである。

　幼稚園・保育所など保育現場においては，子どもが運動遊びの様々な恩恵，利点を享受できるように具体的な活動や教材の研究を進め，それらを具現化するための園の環境を整備する必要がある。特に，家庭の在り方の変化に伴い，早朝保育や延長保育，一時保育を利用する子どもも増え，幼稚園や保育所等で長時間過ごす子どもも増えている。幼稚園や保育所は子どもの運動遊びを支えるという意味で，家庭との連携を大事にしながらもより広範囲で重大な責任を担っていることに留意しなければならない。

　「幼稚園教育要領」「保育所保育指針」「幼保連携型認定こども園教育・保育要領の領域「健康」における内容の取扱いにおいて，次のように示されている。

　「自然の中で伸び伸びと体を動かして遊ぶことにより，体の諸機能の発達が促されることに留意し，幼児の興味や関心が戸外にも向くようにすること。その際，幼児の動線に配慮した園庭や遊具の配置などを工夫すること」

　子どもが興味や関心をもって関わり，発達に必要な体験を得るような適切な

環境を作ることが大事である。遊具など園具・教具の物的環境はもちろん，保育者や友達など人的環境，子どもが触れ合う自然などすべてを指している。この節では，遊具，保育者や友達，自然との関わりを通して育まれる子どもの心身の健康，そのために保育者に求められる心構えについてみていきたい。

1　園環境における遊具

　遊具とは，子どもが遊びに用いる道具全般を指す。子どもの視点に立つと粘土，園庭にある葉っぱや石などすべてのものが思い浮かぶかもしれないが，ここでは運動遊びと関連が深い一般的に園などに置かれている遊具について取り上げてみたい。

a　遊具の種類

　遊具には，**表3−3**と絵に示すような種類がある。

表3−3　遊具の種類

固定遊具		すべり台，ブランコ，固定円木，ジャングルジム，シーソー，うんてい，太鼓橋，低鉄棒，のぼり棒，総合遊具など
移動遊具	大型	マット，トランポリン，とび箱，平均台，積み木，巧技台，カラーボックスなど
	小型	ボール，縄（長，短），フラフープ，竹馬，三輪車など

　　すべり台　　　　　　　　ブランコ　　　　　　　　固定円木

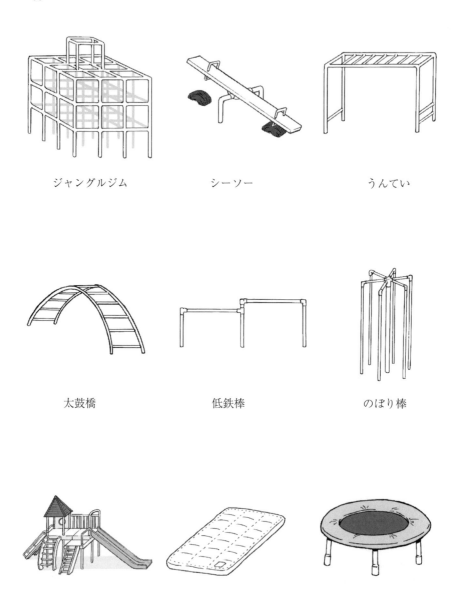

3章 自ら生き生きと動く子どもを育てる 99

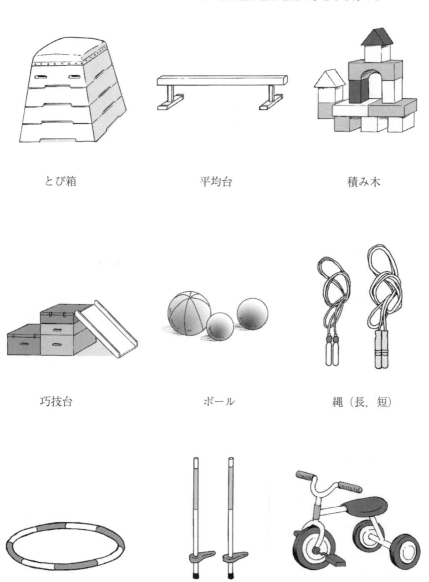

固定遊具は，元来，自然環境の中で体験してきた動きを手軽に経験できるように人工的に開発，改造されてきたものである。固定遊具は体の安定，移動動作，物を操作する多様な動きが身に付くことが期待される。多くの固定遊具は園庭にあるので外に出ることにつながりやすいことも心にとどめておきたい。

また，道具一つとっても，形，素材，大きさが異なる。ここでは，子どもたちが大好きな身近で触れることのできるボールを取り上げる。たとえば，低い年齢の子どもにはやわらかい手にしやすい，当たっても痛くない布でできたボールを選ぶ。高い年齢の子どもにはバウンドしてどこに行くのか予想が難しいラグビーボールも時には使ってみるなど，年齢や子どもの興味，育みたい経験にふさわしい道具を選び組み合わせていく工夫が求められる。下記の表のように，それぞれの道具の種類や素材などを保育者が熟知しておくことも大事になる。表には投げたり，受け取ったり，蹴ったり，はずませたり，転がしたりして，様々な動きを楽しむことができるボールを取り上げてみた。これ以外にもお手玉，風船，ビーチボールなど，ボールのもつ機能と共通性がある，多くの子どもに親しみやすい道具を代用するなどの発想も求められる（**表3－4**）。

b 遊具との関わり

遊具との関わりからもたらされるものは，実に多様性に富んでいる。たとえば，遊具と遊具の間を移動することで自然な形で運動量は増え，いろいろな遊具があれば多様な動きの経験へとつながる。待つ，順番，並ぶといった社会性の発達を促す経験が多く得られるので，どのようにするべきか，ルールを考える機会になる。

表3－5には園具の役割と意味について，文部省幼稚園課内幼稚園教育研究会編集「幼稚園における園具・教具活用事例集」から抜粋したものを示した。ここに挙げられているような役割や意味を理解しながら子どもの活動を見

3章　自ら生き生きと動く子どもを育てる　　101

表3-4　保育現場に適したボールの種類

名称	素材	例
カラーボール0号	ウレタン塗装の軽くて柔らかなゴム製 赤・黄・青・ピンク・白の色つき	
ドッヂボール0号	合成ゴム	
スポンジボール	スポンジに特殊樹脂コーティングした パンクしないもの	
サッカーボール幼児用	スポンジに特殊樹脂コーティングした サッカーボール	
ラグビーボール幼児用	ソフトタッチのもの	
紙ボール	新聞紙など紙で作る	
布ボール	布ボール 布で作られたボール	

(石井美晴，1997)

表3-5　園具の役割と意味

・子どもの心の開放や安定をもたらす

・子どもの主体性を育て園生活を支える

・興味関心を引き出す

・体の動きを誘発する

・自己表現をひきだし，助け楽しませる

・見立てや想像を生み出す

・遊びや生活の技術を引出し，自律を促す

・友達との関わりを生む

・共同的な文化的体験を誘発する

・非日常的な空間や体験を作る

・新たなもの，新たな経験を作り出す

守り，適切な声かけや援助を通して子どもの豊かな体験を育んでいきたい。

　特に最近は，地域社会の中で遊びを子どもたちで教え合う，伝え合うということが少なくなってきている。親世代が遊び方を知らないこともありうる。なかなか遊具へ興味をもつことが出来ない子どもには適宜関わりをもつことができるようにサポートをする必要がある。また，それぞれの遊具の特徴や期待される遊びの展開例を保育者自身も理解しておく必要がある。

　固定遊具にも幼児の遊びに応じて工夫を加え，様々な動きを引き出すことができる遊具や用具の配置を心掛けたい。また，幼児の動線を予想した場作り，環境構成にも気を配りたい。遊具の使い方で工夫したい点として岩崎（2013）は，同じ遊具でも連続して使うことにより動きの連続性が生まれることを提案している。とくに4歳児後半から動きは単一動作から複合，連続動作が可能になることにも注目したい。遊具間の移動は走り，次の遊具を自分の好きな方法で通過する。よけながら走り，回わりながら走る。すべり降りたら走るなど工夫するのも楽しい。

　大型積み木等を使って友達や保育者と一緒に作ったり，片付けたりする中でも持ち上げたり，バランスよく運んだりするなど多様な動きの経験につながる。巧技台，マットなども構成の仕方を工夫して，様々な動きにつながるように心掛けたい。保育者は遊具の使い方，それに伴い経験する運動遊びにも様々なバリエーションがあることを認識しておきたい。

　さらに「すべり台は上から下にすべる」など，それぞれの遊具には一般的に連想されやすい動きや遊び方があるが，子どもの自由な発想で，遊びが展開していくこともある。すべり台は斜面を下からかけのぼったり，どこまで手放しでのぼれるかなど挑戦する姿も見受けられるかもしれない。保育者は固定観念をもたず，子どもの遊びを危険がないように見守りながらも子どもの思いを尊

重する姿勢を大事にしたい。

c 遊具の管理

子どもが常に安全に使用できるよう，毎日の遊具の点検を怠らず，目視だけでなく実際に足をかけて乗ってみるなどして，腐食していかないかなどを確かめる必要がある。特に，揺れ，回転，滑降等を伴う遊具については慎重に対処することが望ましい。

収納も保育者側が業務をいかに効率よくすませるかという目線でばかりとらえるのではなく，子どもが使用した道具は自分で片づけるという意識を培う意味でも，子どもの目線にたって子どもにとっての片づけやすさにも配慮し収納も意識したい。

また，子ども自身がそれぞれの遊具も危険な扱い方をするとケガにつながることを理解し，安全管理の意識を持てるような働きかけ方も必要である。しかしながら，年齢が低い子どもは自分で安全確認ができないので，周囲の安全（人や物）の確認は保育者が必ずするよう心掛けたい。

4・5歳児は，固定遊具の扱いに慣れる時期でもあるので，大胆で危険な行動が生じやすい時期である。使い方やルールなどを時々確認するよう心掛けたい。個人差が大きいので，日ごろの活動をよく観察して，その差を理解して対応をしたいものである。

日本幼児体育学会は幼児体育指導員養成テキスト「運動遊具の安全管理・安全指導スペシャリスト」の中で子どもたちとの道具使用の約束事を次のように提案している。

① 靴をしっかりはいて，脱げないようにする
② マフラーのように，引っかかりやすいものは取って遊ぶ
③ 上着の前を開けっ放しにしない
④ カバンは置いて遊ぶ
⑤ ひも付き手袋はしない

104

⑥ 上から物を投げない

⑦ 高所から飛び降りない

⑧ 遊具にひもを巻き付けない

⑨ 濡れた遊具では遊ばない

⑩ 壊れた遊具では遊ばない

⑪ 壊れた個所を大人に伝える

　普段から子どもたちとの密接な関わりの中で，遊具を扱う時の約束を確認しあいながらも，子どもたちの独自の気付きや発見を大切にしながら支えていきたい。

2　保育者や仲間との関わり

　保育者や友達など園生活で関わるすべての人は子どもにとって大事な人的環境である。その人的環境は運動遊びの観点からも必要不可欠である。幼児は様々な遊びの中で，その時期に発達していく身体機能を使って動こうとしている。その時期における発達のチャンスを逃さず，幼児の身体諸機能が十分に伸びるような環境を用意することが大切である。

　子ども一人一人が安心感・安定感をもって行動し，生き生きと自発的に活動に取り組むことができるよう，保育者との信頼関係をしっかりと結ぶことを基盤にする必要がある。いろいろな遊びの中で十分に体を動かすことができるように，保育者は子どものやってみたい，もっとできるようになりたいなどといった気持ちを認めたり，受け止めたりしながら子どもを見守ることを大事にしたい。

　保育者自身の深く遊びこむ体験は大切である。保育者と子どもの心や体は動きを通じて反応し合い，遊びを創造していく。幼児が興味や関心をもって繰り広げていく遊びや活動などを，身体諸機能の発達の視点から捉えなおし，幼児が十分に全身を動かし，その心地よさが味わえるようにすることも心掛けたい。

　友達との関わりは，保育者や保護者との関わりとは異なり，運動遊びを誘発

する点において欠くことのできないものである。他の友達や自分より年齢が上の子どもが運動遊びをする姿を見て、楽しさを共有し、一人でもしくは一緒になってその楽しいイメージで遊びこみ、それがまた友達との関わりの礎になる。友達と一緒に運動することを通して他者の存在への興味が育まれていくのである。

3 自然との関わり

　自然の中でのんびりしたり、体を動かしたり、水や土、葉っぱなどの自然物に直接触れることは私たちが心から気持ちがよい、爽快であると感じさせるものである。日本には春、夏、秋、冬といった四季があり、それぞれの良さを心と体を通して実感することができる。同じ園庭でも春には桜が咲く中で活動し、夏には水遊び、秋には落ち葉拾い、冬には雪遊びなど季節ならではの心動かされる活動の展開が期待される。

　この言いようもない自然から与えられる感動は、自然を通して心と体を著しく成長させることが期待される乳幼児期の子どもとも分かち合いたいものである。

　私たちの脳が健全でたくましく発達するためには、触覚、嗅覚、味覚、視覚、聴覚からのバランスのとれた刺激が不可欠である。植物や動物をはじめとする自然物は、匂いや、手触りなど多様性に富んでいる。乳幼児期の、自然と五感で触れ合う体験である原体験はヒトの脳の健全な発達に有効であると考えられている。原体験を通して、生きとし生けるものすべてに存在価値を見出し感謝の気持ちを抱き、感性、忍耐力、意欲など根源的な力を育むことができる。さらに、自分で考えて判断して行動する自主自立の精神の基盤も育むと言われている。

　子どもたちの成長・発達に重要な自然と子どもの関わりを研究・実践した山内昭道は、自然を感

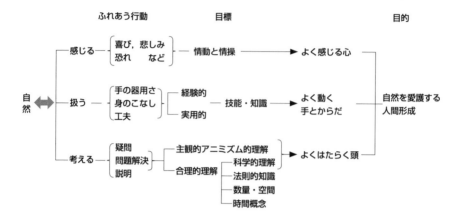

図3−1　自然と触れ合う活動の目標・目的

(山内昭道, 1990)

じる・自然を生活や遊びに使う・自然について考えるといった3つの流れを自然教育に位置づけている。この3つは個々に位置づいているのではない。**図3−1**で示すように，つながったり，合わさったりしながら，自然を感じ，自然を扱い，自然を考えながら，子どもたちのよく感じる心・よく動く手と体・よくはたらく頭を育み，自然を愛護する人間に育てていくのである。

　また，自然の中で遊ぶことは安全面を徹底的に配慮された場所で遊ぶこととは違い，でこぼこ道など予測不可能な状況に応じる力も養われる。写真のように，青々とした草が茂っているなだらかな坂を，下で待っている母親に向かって体をうまく調整しながら歩いてくる中で適応力も身に付いていると予測される。

　園生活を通じて自然と親しみながら，心の安らぎや豊かな感情を体験していく必要がある。さらには，身の回りの自然と関わる体験を通して，生命の不思議さ，美しさ，尊さ，多様性を感じたり受け入

3章　自ら生き生きと動く子どもを育てる　　107

表3－6　減少しているとされる子どもの体験内容

小学校に通う前	小学校低学年	小学校高学年	中学校
・自然体験	・自然体験 ・友達との遊び	・自然体験 ・友達との遊び	・自然体験 ・動植物との関わり ・友達との遊び ・地域活動

(国立青少年教育振興機構，2010)

れたりしていくことができる。

　しかしながら，この自然を通した体験は，都市化や家庭環境の変化などの影響により休日の外遊びが少なくなってきていることもあり，減少傾向にある（**表3－6**）。急速に汚染や破壊が進んでいる自然環境を保護し，自然からの恩恵を次世代までも享受し続けることができる環境作りも重要である。

　昨今，教育の格差ということがよく問題視されているが，国立青少年教育振興機構によると，子どもの頃の自然体験を含む体験の有無にも格差が生じている。具体的に言うと保護者の経済力との相関が報告されている。保育所や幼稚園等は，様々な事情を抱える成長期の子どもと接触しうる公的な場所である。保育・教育現場において，自然教育の取り組みが活発になることによって自然体験の格差は減少に向かうと考えられる。また，自然体験には必ずしも経済力が必要であるとは限らない。近くの公園や園庭などで，砂山作り，トンネル作り，川作り，泥だんご作り，水たまりで遊ぶ，石投げなど身近な自然を生かした遊びの展開も期待したい。保育者が身近な自然を使って子どもたちの遊びを広げられるように遊びのレパートリーの豊富さを育んでおきたい。

　乳幼児の自然体験を豊かにするため，防災性，防犯性など安全性の確保に十分留意しつつ，森，樹木，池等や自然の傾斜，段差等を有効に活用するよう園の環境を整備することも心にとどめておきたい。

演習課題

① それぞれ園具で遊ぶ子どもたちの見守りにおいて，(1) 展開が期待される運動遊び，(2) 考えられる危険性という視点から心掛けたい事項をあげてみよう。

② 水たまりで遊ぶ子どもの姿を見て，(1) 寄り添いたい展開が期待される運動遊びや達成感を挙げると同時に，(2) 考えられる危険性を書き出してみよう。

(1) 寄り添いたい展開が期待される運動遊び・達成感
　　例：水の中を歩く気持ちよさ
(2) 考えられる危険性
　　例：水の中にある危険物がある可能性

参考文献

青野光子・松本典子　幼児体育　建帛社　2011
岩崎洋子編著　保育と幼児期の運動あそび　萌文書林　2013　pp.86-87

ウィニコット，D. W. 橋本雅雄訳 遊ぶことと現実 岩崎学術出版社 1979

大澤 力編著 自然が育む子どもと未来 フレーベル館 2009

カイヨワ，R. 清水幾太郎・霧生和夫訳 遊びと人間 岩波書店 1970

厚生労働省 保育所保育指針 2017

竹内敏晴 子どものからだとことば 晶文社 1983

津守 真 保育者の地平——私的経験から普遍に向けて ミネルヴァ書房 1997

独立行政法人国立青少年教育振興機構編 青少年の体験活動等に関する実態調
査 平成24年度調査報告書 2014

林 麗子 幼稚園教育要領・保育所保育指針の保育内容領域「表現」の意味〔池
田裕恵・猪崎弥生編著 保育内容「表現」——からだで感じる・表す・伝え
る〕 杏林書院 2016

林 麗子 表出することを楽しむ〔池田裕恵・猪崎弥生編著 保育内容「表現」
——からだで感じる・表す・伝える〕 杏林書院 2016

ピアジェ，J. 大伴 茂訳 遊びの心理学 黎明書房 1967

平井タカネ・村岡眞澄・河本洋子編著 新子どもの健康 三晃書房 2010

弘中正美 遊びの治療的機能について〔日本遊戯療法研究会編 遊戯療法の研
究〕 誠信書房 2000

ホイジンガ，J. 高橋英夫訳 ホモ・ルーデンス 中央公論社 1968

前橋明編著 日本幼児体育学会認定幼児体育指導員養成テキスト 運動遊具の
安全管理・安全指導スペシャリスト 大学教育出版 2016

村岡眞澄・小野 隆編著 保育実践を支える 健康 福村出版 2010

村岡眞澄 子どもの遊びと健康〔平井タカネ・河本洋子編著 子どもの健康
——心とからだ 理論編〕 三晃書房 1996

文部科学省 幼稚園教育要領 2017

文部科学省 幼稚園施設整備指針 第4章 園庭計画

文部省幼稚園課内幼稚園教育研究会編集 幼稚園における園具・教具活用事例集
ぎょうせい 1998

矢野智司 意味が躍動する生とは何か 世織書房 2006

山内昭道　身近な環境とのかかわりに関する領域「環境」　東京書籍　1990
pp.41-46

4章
生きる基礎としての体を育てる

1節　子どもの生活リズム

1　生活リズムとは

　子どもの健康を支えるものは、日々の生活リズムが安定していることである。心身の発達がめざましい乳幼児期の子どもにとって、生活リズムを整えることはとても重要なことである。健康な生活リズムは、就学前までに身につけたい大切な事柄である。

　生き生きとした生活リズムを営むために、生体リズムとして、睡眠・覚醒のリズム、ホルモンのリズム、体温のリズム、食事のリズム、排泄のリズムという5つのリズムがあると考えられる。その中で、24時間を周期として規則正しい変動を繰り返しているリズムを概日リズム（サーカディアンリズム）と呼んでいる。健康な人は、この体内時計のリズムによって毎日同じ頃に眠くなり、ある一定時間睡眠をとると目覚め、同じ頃に空腹感がおこる。これが健康の基本であり、自律神経でコントロールされている快食・快眠・快便につながるのである。

　本来生まれながらに備わっている体内時計と呼ばれる体のリズムは25時間周期であると言われているが、この1時間のずれを修正するために毎日調整する必要がある。その方法の1つが、朝の時間帯に太陽の光を浴びることである。光を浴びることで、体のリズムは24時間に修正され、副交感神経から交感神経へ働きが切り替わり、体温が上昇し、日中、たっぷり体を動かして遊ぶことができる。活発に運動すると食欲がわき、昼食やおやつ、夕食などある程

度決まった時間に食べるリズムが生まれる。そして，夢中になって遊んだ子ど
もは寝つきも早い。こうした1日の健康的な生活リズムが毎日繰り返されるこ
とによって，生活習慣として定着していくのである。

　中枢神経がめざましく発達する新生児から乳幼児にかけて，生体リズムの発
達に大切な臨界期がある。ここでしっかりとリズムが調整されないと，子ども
の生体リズムは簡単に狂ってしまう。子どもの心身の発達のためには，生体リ
ズムに基づいた子育てを考えなければならない。体を動かし，よく食べ，よく
眠ることが子どもの健やかな成長を支えているのである。

2　生活リズムの確立

　幼児の生活リズムは，食事，睡眠，排泄が大きく影響しているといえる。幼
児期に望ましい生活習慣とリズムを身につけることが，子どものときだけでは
なく生涯の健康にもつながるのである。これは，幼稚園教育要領・保育所保育
指針・幼保連携型認定こども園教育・保育要領に「健康な生活リズムを身につ
ける」という内容が挙げられていることからもわかる大切な事柄である。しか
し，健康な生活リズムは，自然に身につくものではない。保護者や保育者が
日々根気よく子どもと接し，繰り返し行うことで身についていくのである。

a　食事のリズム

　子どもの食習慣の中で，食事摂取の有無やその時間が生活リズムに影響を及
ぼしている。近年，子どもの朝食の欠食や不規則な食事，不適切な偏食や間食
が問題となっている。特に，朝食の摂取を左右する要因として，就寝時刻と保
護者の朝食習慣が挙げられている。厚生労働省が平成27年度に調査した「乳
幼児栄養調査」の報告によると，朝食を必ず食べる子どもの割合について，就
寝時刻が，平日は「午後8時前」(97.8%)，休日は「午後8時台」(97.7%) で
最も多かった。また，朝食習慣では，保護者が朝食を「必ず食べる」と回答
している子どもの朝食摂取の割合は，95.4%であった。一方で，保護者が朝
食を「ほとんど食べない」「全く食べない」と回答している子どもは，78.9%，
79.5%と8割を下回っている。これが生活リズムの乱れにつながるものである

ことをしっかりと認識し，規則的な食事が体のリズムを整えることを十分に理解しなければならない。

b　睡眠のリズム

　現代人の生活は，大きく夜型に変わってきている。最近は，乳幼児でも夜10時から11時まで起きている家庭も少なくない。大人の生活が遅くなっていることや，テレビやゲームに夢中になっているなど，原因は様々である。また，現代の子どもは，適当な時間に床についてもなかなか眠りに入れないようである。それは昼間に十分，体を動かしていないからであろう。朝からあくびをしている子ども，保護者に起こされ寝ぼけまなこの子ども，元気のない子どもが増えているのも事実である。大人の生活時間に振り回されている子どもの睡眠時間の不足が深刻な問題であり，自然覚醒のできる睡眠時間の確保が重要である（図4－1，図4－2）。

　睡眠は，乳幼児の心身の発育・発達にとって大切な役目を果たしている。決まった時間に眠ることで，大人になった時にがんばりのきく体を作り，自律神経のしっかりした大人になる。また，眠ることで成長ホルモンの分泌を促し，脳や筋肉の疲労回復を行っている。新生児は，一日の大部分を眠って過ごし，

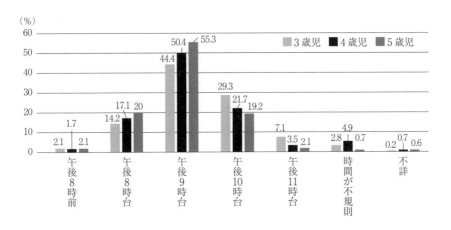

図4－1　幼児の就寝時間（厚生労働省，2007より作成）

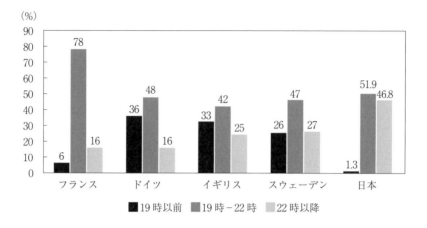

図4-2 ヨーロッパと日本の子どもの就寝時間（神山 潤, 2005）

　成長とともに昼間目覚めている時間が長くなり，徐々に睡眠・覚醒のリズムが確立されていく。それには，太陽の光，哺乳の時刻，育児にあたる周囲の人の接し方が重要となる。特に，乳幼児期には，早寝・早起き，三度の食事，日中にたっぷり遊んで体を動かすなど，基本的な生活習慣を規則的に行うことで一日の生活リズムが確立されていくのである。

　睡眠が不足すると朝の機嫌が悪い，朝食を食べられないといったことだけではなく，前頭葉の働きに影響が出ることで，集中力や注意力が散漫になり，記憶力も低下してしまうのである。人間は3歳までに自律神経系の基盤が確立するので，ここでしっかり確立されないと，汗をかきにくく体温調節ができない体質になる可能性もある。また，骨や筋肉の発達に欠かせない成長ホルモンの分泌，運動能力，手先の器用さなども睡眠不足によって低下することがわかっている。自律神経系や脳神経系の発達には十分な睡眠が不可欠なのである。

　c　排泄のリズム

　排泄は，生活リズムが大きく影響している。そのため「朝食はきちんと食べる」「食物繊維をしっかりとる」「体を動かして遊ぶ」「決まった時間に排便を

４章　生きる基礎としての体を育てる　　115

する」といった日々の生活を心掛けたい。特に食事に関しての好き嫌いや，偏食，スナック菓子などの間食，夜食など，不規則な食生活や睡眠不足が子どもの排便を滞らせる原因ともなる。排便は，個人差はあるものの，一日一回，生理的に最も適当な朝にすませることが望ましい。

2節　生活習慣形成の意義

1　子どもの生活と健康

a　生活習慣

　生活習慣は，「食事」「睡眠」「排泄」「衣服の着脱」「清潔」など，人が生きていくために必要な生理的な営みに関わりの深い「基本的生活習慣」と，社会の中で人と関わりながら，よりよく生きていくために必要な「社会的生活習慣」がある。このほとんどが，乳幼児期にできるようになる。食べる，眠る，排泄するといった生理的欲求が満たされるために必要な習慣や技能，衣服の着脱や調整，身の回りの清潔・整頓，ルールを守る，挨拶をするなど快適な社会生活をするために必要な能力を獲得していくのである。生活習慣を身に付けることは，子どもが園生活を快適に送ることができるとともに，子どもの自立や社会に適応するための大事なプロセスとなる。また，色々な事が出来るようになることで，子どもは自信や満足感，達成感といった精神的な安定を獲得することが出来る。そして，自立した社会人として必要な基礎的な能力を身に付けていくのである。

　生活習慣は，一度できたからといって，すぐに身に付くものではない。日々繰り返し行うことで身に付き，それが習慣となっていくのである。また一度身に付いてしまった悪い習慣を修正するのは，年齢があがるほど難しい。だからこそ，乳幼児期にいかに望ましい生活習慣を形成できるかが重要となる。これは，「幼稚園教育要領」「保育所保育指針」「幼保連携型認定こども園教育・保育要領」〈平成29年度改訂（定）〉の中で「基本的な生活習慣の形成に当たっ

ては，家庭での生活経験に配慮すること」と示されているように，保育者は家庭との密な連携を図りながら，子どもにとっての望ましい生活習慣が形成できるよう配慮する必要がある。つまり，子どもの周りにいる大人によって用意され，繰り返す体験の中で生活習慣は作られていくのである。そして，生活リズムの中で習慣として身に付け，自ら進んで行おうとする態度を育てていくことを目指しているのである。

b　生活習慣の形成過程

　生活習慣は，子どもの身体的・機能的発達は勿論，なぜその習慣が必要なのかといった子ども自身の理解力によって，段階的に形成されていく。生活習慣が，子どもの快適な園生活と自立した社会生活の基礎であることを踏まえ，単に技能を習得するのではなく，子どもがその必要性を感じ，自らやりたいといった意欲を伴った活動となるよう配慮する必要がある。子どもはできないことがほとんどで，時間がかかることもあれば，昨日はできたのに，今日はできないこともある。大人がつい手を差し伸べてしまうこともあるが，まずは，子どもが自ら積極的に関わろう，取り組もうとしている気持ち「主体性」を大切にすることを重視したい。これを引き出すには，保育者には子どもに寄り添い，見守る姿勢や，適切な言葉がけや関わり方が重要になってくる。単に「できる」「できない」ではなく，大人から言われなくても，やろうとしている気持ちを受け止めて，できた時には大いに褒める，認める。このような励ましの言葉がけなどが，子どもに有能感を味わわせ，「できた」という自信をつけるとともに，「次はこれをやってみよう」という意欲につながるのである。

　このような主体性を育むためには，子どもが意欲をもって活動できる環境を工夫することがとても重要である。色々な手順をイラストなどで分かりやすく示す，食べる意欲がわくような食べやすい食器，明るく清潔なトイレなど，子どもが自ら積極的に行動をおこそうとする環境を整えることが大切である。

c　生活習慣の自立

　子どもの生活習慣が，どのような時期に，どのように獲得されていくのかを理解することは，保育をするうえでとても重要である。また，大人から学んだ

り，教えてもらったりと，大人との関わりも必要となってくる。子どもの発達段階に応じて，無理強いをしないで，子ども自身の興味や関心を引き出すことが大切である。

d 保育者がモデル

生活習慣を身に付けることは，日々の積み重ねである。子どもに望ましい生活習慣を身に付けてほしいと，誰もが願う。子どもは，友達だけではなく，園で一緒に過ごしている保育者の立ち居振る舞いを見ている。保育者の行動が，そのまま子どもに反映されていくということを忘れてはならない。元気に明るく，生き生きと行動している保育者は，子どもにとってとても魅力的な存在だ。毎日の生活を共にする家族は勿論，保育者も子どもにとってモデルとなるように意識することが必要である。

2 子どもの生活と文化

a 生活や文化の変化

ここ数年，保護者の子どもに対する考え方や接し方に，変化が見られるようである。核家族化が進み，相談相手も少なく，雑誌やテレビ，インターネットから得られる情報だけを頼りに子育てをしている現代の保護者は，子どもの健康生活のベースとなる，しつけや生活習慣の確立より，早期教育の方に関心が傾きがちである。こうした保護者の価値観の変化が，子どもの生活に大きな影響を及ぼし，体や心の発達の遅れやアンバランスを引き起こしているのは否めない。

時代が変われば，子どもの成長過程に求められるものも変化しているのも事実である。生活習慣の自立過程をみても，今の子どもは早い段階で，自分で服やパジャマの脱ぎ着ができる，スプーンやフォークで食べることができるようになっている。一方で，箸を上手に使うことや，靴や服の紐が結べないなど，手先・指先を上手に使うことの習得が遅れをみせている。

子どもの心と体の健やかな育ちを考えた時，保護者の就労時間，家族構成，生活様式の変化，情報化社会など，様々な変化に対応して，保育時間や保育内

容など，その時代に合った環境を整え保育をしていかねばならない。

幼稚園教育要領，保育所保育指針，幼保連携型認定こども園教育・保育要領は，これらの変化を考慮し，平成29年度に改訂（定）された。

b　幼稚園教育要領における生活習慣

前幼稚園教育要領では，最近の子どもたちの基本的な生活習慣の欠如や食生活の乱れなどから，教育内容が問い直されることとなった。改訂された幼稚園教育要領（平成30年4月1日施行）では，「幼児期の終わりまでに育ってほしい姿」が，ねらい及び内容に基づく活動全体を通して資質・能力が育まれている幼児の幼稚園修了時の具体的な姿であることを踏まえ，指導を行う際に考慮すること，とある。

領域「健康」の内容をみると，「ねらい」(3)「見通しをもって行動する」が付け加えられた。また，「内容」(5)「食べ物への興味や関心をもつ」と新たに書き加えられている。「内容の取扱い」は，(2)「多様な動きを経験する中で，体の動きを調整するようにすること」と，(4)「食の大切さに気付き」(5)「次第に見通しをもって行動できるようにすること」が付け加えられた。

子どもたちが自ら気付き，生活習慣として主体的に取り込み，自ら行動する過程が重視されている。

子どもを取り巻く環境の変化の中，生活習慣を獲得するには家庭での生活が最も重要である。子どもが身に付ける生活習慣は，保護者や保育者の関わり方によって，様々な影響を受けていることをしっかりと認識する必要がある。自分のことは自分でやる・できるという自信や喜びが，生涯にわたって健康な生活を送るうえで欠かせない重要な力につながるのである。生活習慣を身に付けることが，子どもにとってどのような意味をもつのかを，保護者や保育者はしっかりと理解することが必要である。保育者は，家族との連携を密にとり，各家庭の事情も理解した上で，その子どもにとっての望ましい生活とは何かを考え，示していく必要がある。

c　保育所保育指針における生活習慣

保育所保育指針では，「養護と教育が一体的」に機能することを目指してい

る。第2章の保育の内容では，「乳児保育」と「1歳以上3歳未満児の保育」に関わるねらい及び内容が大幅に加えられた。

乳児については，3つの視点「健やかに伸び伸びと育つ」「身近な人と気持ちが通じ合う」「身近なものと関わり感性が育つ」でまとめられている。健やかに伸び伸びと育つという視点では，「身体感覚が育つ」「はう，歩くなどの運動をしようとする」「食事，睡眠等の生活のリズムの感覚が芽生える」とある。この時期の保育は，発達の特徴を捉えて，愛情豊かに応答的に行われることが特に必要であるとしている。

1歳以上3歳児未満児については，「基本的な運動機能が次第に発達し，排泄の自立のための身体的機能も整うようになる」とある。また，「指先の機能も発達し，食事，衣服の着脱なども，保育士の等の援助の下で自分で行うようになる」としている。内容の取扱いには，「排泄の習慣については，便器に座らせるなど，少しずつ慣れさせる」としている。そして新たに「また，基本的な生活習慣の形成に当たっては，家庭での生活経験に配慮し，家庭との適切な連携の下で行うようにすること」が付け加えられた。

3歳児以上の保育については，「基本的な生活習慣もほぼ自立できるようになる」とある。内容の取扱いには，「基本的な生活習慣の形成に当たっては，子どもの自立心を育て，次第に見通しをもって行動できるようにする」としている。

子どもの生活経験に偏りが出ないよう，きめ細かな配慮が必要である。子どもは何をしたいと思っているのか，子どもは何を必要としているのか，という視点で，一人一人の子どもを観察していくことが必要である。

d　幼保連携型認定こども園教育・保育要領における生活習慣

今回，幼稚園教育要領や保育所保育指針との内容の整合性が図られた。また，認定こども園の課題であった「多様な保育時間や保育経験の子ども」に対する対応についての修正が加えられた。

幼保連携型認定こども園では，在園時間が異なる園児が一緒に過ごしている。在園時間が変わることで，子ども一人一人の生活のリズムも異なる。これ

らを配慮して，子どもの生活が安定するような工夫をするよう示されている。具体的には，満3歳未満児については，睡眠時間等の個人差に配慮するとともに，満3歳以上児については，集中して遊ぶ場と家庭的な雰囲気の中でくつろぐ場との適切な調和等を工夫することが示されている。

　また，3歳児クラスは，入園のタイミングの違い，子どもたちの生活習慣の違いや在園時間の違いなど，認定こども園ならではの特徴があるので，子どもたちが安心して園生活が出来るよう環境を整えることが必要である。

　生活習慣の面では，2歳児から進級（移行）した子どもたちは，うがいや手洗いの習慣，トイレの使い方などが身に付いているので，3歳児から入園してきた子どもたちのお手本となって，子ども同士で伝え合う，学びあうなどのやりとりも見られる。

　基本的な生活習慣の形成に当たっては，幼稚園教育要領，保育所保育指針と同様，家庭での生活経験に配慮し，家庭との適切な連携の下で行うようにすることが必要である。

3節　乳幼児の生活習慣の指導

1　眠ること

a　睡眠の役割

　睡眠は，乳幼児の心身の発育・発達にとって，とても大切な役目を果たしている。眠っている間に成長ホルモンの分泌が促され，脳や体を育てる，疲労回復などを行っている。

　睡眠には，レム睡眠とノンレム睡眠がある。レム睡眠は，浅い眠りで体を休めているが，脳が働いている状態。一方，ノンレム睡眠は，脳も休息状態で，ぐっすり眠り心身の休息をはかっている。この2つの睡眠が交互に繰り返されているのである。幼児期の睡眠の特徴は，乳児期に半分以上を占めていたレム睡眠が減り，深いノンレム睡眠の割合が増加することである（**図2−9**〈30頁〉）。

4章　生きる基礎としての体を育てる　121

　最近の子どもは，睡眠時間の不足により，朝から元気がない，あくびばかり
している子どもが多いという。ある保育所では，その改善策として，朝，子ど
もを預かった後，午前中に1～2時間睡眠をさせたところ，その後子どもたち
は，活発に午前中の活動ができたという事例もある。子どもの発達に影響を及
ぼす睡眠の重要性をしっかりと認識しなければならない。

b　睡眠の自立

　睡眠の自立には，十分な睡眠時間，睡眠の深さ，起床・就寝時刻などリズム
ある生活が望まれる。

　生まれて間もない赤ちゃんは，数時間おきに「睡眠・覚醒」を繰り返し，一
日の大半を眠って過ごしている。次第に昼間に起きている時間が長くなり，1
歳頃には夜にまとめて眠るようになる。その後，小学生になるまでには大人と
同じ睡眠パターンを獲得する。**(表4－1)**

　幼児期になると，園での一日の生活の流れが身につき，午睡の準備として，
パジャマに着替える，歯磨きをする，トイレをすませることができるようにな
る。眠りの誘因は，午前中にたっぷり体を動かし，昼ご飯をしっかり食べる，
清潔な寝具を準備し，窓にカーテンを引き部屋の明かりをおとす，大きな音を
出さないよう配慮しながら，十分に体を休ませる環境を整えることなどであ
る。中には，寝付けない子どももいるが，必要があれば，絵本の読み聞かせや
添い寝，あるいは遊びのコーナーなどで一緒に遊んであげるとよい。

表4—1　睡眠に関する習慣の発達

年月齢	睡眠回数	全睡眠時間	夜間睡眠時間
2ヵ月	3.7	15 時 12 分	8 時 55 分
4	3.5	14 時 00 分	9 時 08 分
6	3.1	13 時 15 分	9 時 18 分
8	3.0	12 時 44 分	9 時 19 分
10	2.8	12 時 26 分	9 時 28 分
12	2.8	12 時 17 分	9 時 25 分
1-2 年	2.1	12 時 00 分	9 時 31 分
2-3	1.8	11 時 30 分	9 時 28 分
3-4	1.6	10 時 55 分	9 時 29 分
4-5	1.4	10 時 55 分	9 時 48 分

(大原俊夫，1983)

一方，幼稚園では，睡眠を直接指導する機会はない。しかし，幼稚園での子どもの様子から，家庭での睡眠の在り方が園生活に影響を及ぼしているか否かを伺い知ることが出来る。もし，園生活を送る上で問題があるならば，家庭との情報交換を行う必要がある。間接的ではあるが，生活指導を行うことによって，保護者の意識が変わり，家庭での生活習慣が改善されれば，本来の子どもらしさが取り戻せるのである。睡眠時間については，幼児期における目安となる就寝時刻は，午後8時〜9時頃，起床時刻は，午前6時〜7時頃が望ましい。

c 指導上の留意点

睡眠の習慣の確立には，家庭の協力が必要不可欠である。大人の夜型生活が影響し，子どもの睡眠時間の不足が様々な問題を引き起こしている。この現状を踏まえ，保育者は，睡眠に対する正しい知識をもち，なぜ子どもにとって十分な睡眠時間の確保が必要なのかをしっかりと保護者に伝えられるようにしなければならない。

2 衣服の着脱

a 衣服の役割

園では，外遊びで汗をかいたり，汚れたりした服を着替える，夏のプール遊びで水着に着替える，午睡のためにパジャマに着替えるなど，日々様々な場面で服を脱ぎ着する。また，暑くなれば上着を脱いだり，寒くなれば上着を着たりと，天気や気温に合った衣服の着用は，体温調節をする上でも欠かせないことである。これが，子どもの安全と生命を守っているのである。

b 衣服の自立

衣服の着脱は，手先を使う技術が多くあるので，手先の器用さを養う事にも適した習慣である。子どもが「自分でやりたい」という気持ちが芽生え，服や靴を「脱ぐ」ことから始まり，これが出来るようになると「着る」ことへと移行し，4歳を過ぎる頃から，基本的な衣服の着脱が可能になってくる。着脱を自分でできることが目標でもあるが，脱いだ服をきちんとたたむこと，決まった場所に片づけることができるようになることも大切である。また，気温や状

4章　生きる基礎としての体を育てる　123

表4—2　着脱衣に関する習慣の発達

年齢＼調査者	山下（1936）	西本（1963）	谷田貝ら（1974）
2：0	ひとりで脱ごうとする	ひとりで脱ごうとする くつをはく	ひとりで脱ごうとする
：6		ひとりで着ようとする	ひとりで着ようとする くつをはく
3：0	くつをはく	帽子をかぶる	帽子をかぶる パンツをはく
：6	ひとりで着ようとする	パンツをはく くつ下をはく	
4：0	帽子をかぶる 前のボタンをかける パンツをはく	前のボタンをかける	くつ下をはく 前のボタンをかける
		ひとりで脱ぐ 両袖をとおす	ひとりで脱ぐ
：6	両袖をとおす くつ下をはく	ひとりで着る	ひとりで着る
5：0	ひもを堅結びする ひとりで脱ぐ	タイツをはく	
：6	ひとりで着る	ひもを堅結びする	
6：0			
：6			ひもを堅結びする

（大原俊夫，1983）

況に合わせて，衣類の調節ができるようになることも必要である。暑い時には脱ぐ，寒い時には一枚はおることなど，自分でできるようになることは，健康管理の上でも大切なことである（**表4－2**）。

c　指導上の留意点

着脱衣については，色々な種類の技術が必要となる。保育者がどの程度まで援助するかが一番重要な点である。子どもが一人でできるところまでは，しっかりと見守ることが必要である。その後は，子どもにとってまだ難しいことへの援助を忘れない。2歳半～3歳頃には，左右を間違えたままで靴を履いてしまう，あるいは，上着やズボンも同様に，裏返しや前後反対に着ている子どももいるが，そのことをすぐに指摘して正すよりは，「自分でできたね」「えらいね」などと，その行為を認めることが大切である。できない，時間がかかるということから保育者がやってしまうと，子どもが自分でやろうとする意欲を失

わせることになる。出来たことへの自信を子どもがもつという保育をするために，どのような援助が良いのかを考えていくことが大切である。

3　清潔（手洗い，歯みがき，うがいなど）

a　清潔の役割

　子どもにとっての清潔には，手洗い，歯みがき，うがい，鼻をかむなどが含まれる。虫歯にならない，口の中をさっぱりさせるための歯みがき。手洗い・うがい，汗をかいたらタオルやハンカチで拭くなど，風邪や病気を予防する。

　汗や泥で汚れたら清潔な衣服に着替え，さっぱりした気持ちになるなど，子どもの健康を守ることにつながっていくのである。子どもがこれらの清潔習慣を身につけるのは，おおむね4歳頃からである。ただ，まだ大人と同じようにできるわけではない。歯ブラシを使う，ティッシュペーパーで鼻をかむ，両手で水をすくって顔を洗うなど，道具や手先を上手に使えるようになるには，技術的に難しいこともあり，他の生活習慣と比べて，できるようになるのが少し遅い（**表4－3**）。

表4－3　清潔に関する習慣の発達

調査者 年齢	山下（1936）	西本（1963）	谷田貝ら（1974）
2：0			口をゆすぐ 手を洗う
：6 3：0	手を洗う	手を洗う	顔を洗う 石けん使用 歯みがき 顔をふく
4：0	口をゆすぐ うがい 歯みがき 顔を洗う 鼻をかむ	口をゆすぐ うがい 歯みがき 顔を洗う 鼻をかむ 髪をとかす	うがい
：6 5：0	髪をとかす		鼻をかむ 髪をとかす

（大原俊夫，1983，pp. 42-46）

b　清潔の自立

　手洗い，うがい，歯みがきなど，4歳頃から清潔習慣がついてくるが，行為そのものは出来ても，なぜその行為が必要なのかという意味を理解していないことがほとんどで，きちんと歯をみがいたり，手の汚れをしっかり落としたりすることまでには至らないこともある。子ども自身が，一見，手が汚れていないようにみえると，洗わなくても大丈夫だと思うこともある。また，子どもが口をゆすいだよと言っても，口に水を含んで出しただけという場合もある。きちんとさせようとするよりは，「きれいにするって気持ちいいね」「石けんのいいにおいがする」「汚れた服を着替えたら，さっぱりして気持ちがいいね」など，その都度，さっぱりして気持ちがいい経験と，言葉がけをしていくことで，清潔にする感覚を育てることが大切である。また，身の回りの始末や整理整頓，片付けなど，子どもたちが生活をする場を整えることも大切である。

c　指導上の留意点

　清潔にすることの意味を，子どもがしっかりと理解することを心掛けたい。子どもが必要性を感じて，手を洗ったり，歯を磨いたりすることができるように，保育者は，絵本やエプロンシアターなど，色々な教材を使って子どもに意識を持たせていく必要がある。また，保育者自身が園生活において，清潔を心掛けるようにすれば，子どもたちも清潔にする気持ちよさを味わうことができ，清潔の習慣につながっていくのである。

4　排泄

a　排泄の役割

　トイレで排泄する，身づくろいをする，手洗いをするなど，清潔やマナーといった社会性の基本など，その行為だけではなく，色々な力を身に付けることが出来る。

b　排泄の自立

　乳児期の排泄指導は，おむつはずしから始まることが多い。個人差はあるが，1歳過ぎから2歳半くらいで取組みが始まる。おむつをはずす前から，子

どもたちの排泄感覚をつかみ，おむつが濡れていないか，量はどの位なのかを確認しておく。排泄するのを見計らい，声をかけたり，おまるに座らせたりしてみる。おむつをはずす時期は，子どもの身体的成熟をしっかり把握することが必要である。たとえ，失敗をしても責めたりせず，焦らせないことと，周りの子どもと比較しないことが大切である。

排泄の習慣は，4歳頃にはほぼ一人でできるようになるとされているが，完全に自立するのは，4歳後半から5歳である。

さらに，トイレで排泄をすることで，扉を閉める，衣服の着脱，トイレットペーパーの使い方，水を流す，手を洗うなど，その行為だけではなく，色々な力を身に付けることが出来る。

最近では，幼稚園でもおむつ離脱が済んでいない子どもも見受けられる。保護者が神経質になっている場合は要注意である。一方で，保護者が全く無関心の場合もある。また，和式トイレが使えず，男子でも洋式トイレで座って排泄する子どももいる。いずれにしても，家庭との連携を密にとり，保護者と保育者が一緒に取り組んでいくことが最も重要である（**表4－4**）。

c　指導上の留意点

排泄習慣の形成には個人差があり，子どもは，環境の変化や心理的な要因で左右されることを認識すること。まずは，子ども一人一人をよく観察し，焦らずに根気よく取り組んでいくことが必要である。特に入園当初は，トイレに行けなかったり，逆に緊張から頻尿になったりする子どももいるので，保育者と一緒にトイレに行くことで安心感を持たせることも必要である。また，日常の園生活において，活動の切れ目や食事前，遊びの途中であっても，排泄したい時にはいつでもトイレに行ける雰囲気を作ることも必要である。特に，散歩や公園に行くなど，園外で保育をする場合は，どこにトイレがあるかをあらかじめ確認しておくことも必要である。

4章　生きる基礎としての体を育てる　　127

表4―4　排泄に関する習慣の発達

年齢＼調査者	山下（1936）	西本（1963）	谷田貝ら（1974）
1：0	排便を知らせる	排便を知らせる	
：6	便意を予告	便意を予告	排便を知らせる
	昼のおむつ不要	昼のおむつ不要	おむつ不要
2：0			
：6	夜のおむつ不要	夜のおむつ不要	
3：0			小便の自立
：6	小便の自立	小便の自立	
	大便の自立	大便の自立	
4：0	夢中そそうをしなくなる	夢中そそうをしなくなる	夢中そそうをしなくなる
	大便の完全自立	大便の完全自立	大便の完全自立
：6	（紙の使用）	（紙の使用）	（紙の使用）

（西頭三雄児，1980）

4節　子どもと食育

　社会経済情勢，家庭環境，自然環境が大きく変化をする中，食の欧米化，生活習慣病，朝食の欠食，孤食（個食），食に対する意識の低下および感謝の気持ちの希薄化など私たちの食行動にも変化が生じている。食や健康に関する情報の氾濫，家庭の経済状況等による栄養・健康格差，保育現場におけるアレルギー対応や食農教育の必要性など，現代的な課題も生じてきている。保育者も社会の状況に照らし合わせた対応が求められていることを心にとどめたい。このような状況下，一生涯の基盤を作るとされる乳幼児期の食育の在り方はどうあるべきかを考えていきたいと思う。

1　食を営む力を育む

　2005年に食育基本法が制定されて以来，国民全体で食を見直そうという動きが活発になり，保育現場でも食に関する活動を通して，子どもや保護者の

"食を営む力"を育むことに力が注がれてきている。

　食べることは生きることの源であり，心と体の発達に密接に関係している。乳幼児期から，発達段階に応じた豊かな食の体験を積み重ねていくことにより，生涯にわたって健康で質の高い生活を送る基礎を培う意味で"食を営む力"は必要不可欠である。

　子どもが正しい食習慣を身に付けるためには，日常の生活の中で食育を意識することが大切になってくる。子どもが自らの感覚や体験を通して，自然の恵みとしての食材や食の循環・環境への意識，調理する人への感謝の気持ちが育つように，一時的な指導を通してではなく，実体験の中で繰り返し常に意識できるような環境づくりが求められる。そして，保育現場においては，保育者，栄養士，調理担当者，看護師などの全職員が食育に関して共通した認識をもち，家庭や地域と連携しながら食育活動を行うことの重要性も強調したい。地域の農家の方との連携など地域活性にも貢献できるネットワークづくりも期待したい。

　さらに，2013年には「和食；日本人の伝統的な食文化」はユネスコ無形文化遺産に登録されている。保育所保育指針や幼稚園教育要領等でも日本の伝統の継承の重要性が言及されていることにも配慮しながら，あらためて日本食のよさを保育者自身も見直して，和食のよさを広げる取り組みも保育活動の中で実践していきたい。和食メニューを増やし，和食についての話題ができる環境づくり，言葉がけにも工夫したい。

2　保育現場における食育

　小野友紀は著書『保育園の食事　離乳食から幼児食まで』の中で下記のように興味深い見解を述べている。

　"食生活の乱れは，今，始まったわけではない。昭和53年の学校給食の人気ベスト3は，1位カレーシチュー，2位スパゲティー，3位焼きそばである。現在の保護者より上の世代が子どもだった頃からすでに箸を使わず，よく噛まなくても食べることが出来る，和食ではない食べ物を好む傾向があった。保護

者の世代においても食の乱れは始まっているのである。"

　加えて，家庭の在り方も多様化し，核家族化に加え共働き，ひとり親など，家庭での食育の推進には限界がある。保育現場での食育の展開を通して，一律的にではなく家庭の多様性に寄り添いながら子どもたちや保護者に食の大事さを伝えたい。

　食育基本法制定にさきがけて2004年（平成16年）3月に発行された「楽しく食べる子どもに～保育所における食育に関する指針～」の中に描かれた目指す子どもの姿は次の通りである。

(1) お腹がすくリズムのもてる子ども
(2) 食べたいもの・好きなものが増える子ども
(3) 一緒に食べたい人がいる子ども
(4) 食事づくり，準備に関わる子ども
(5) 食べものを話題にする子ども

　たとえば，食事づくり・準備に関わる子どもを目指す子どもの姿とする場合は，子どもの目に入りやすい園庭での野菜栽培や地元の食材を用いた調理など，子どもが関わることができる環境づくりを心掛けるなどそれぞれの目標のために何ができるのか，それぞれの保育現場の実情に合わせて何ができるのかアイデアを出し合いたい。

　保育所保育指針（2017）では健康な生活の基本としての「食を営む力」の育成に向け，その基礎を培うことを目標とするべきであるとされている。

(1) 子どもが生活と遊びの中で，意欲をもって食に関わる体験を積み重ね，食べることを楽しみ，食事を楽しみ合う子どもに成長していくことを期待するものであること。
(2) 乳幼児期にふさわしい食生活が展開され，適切な援助が行われるよう，食事の提供を含む食育計画を全体的な計画に基づいて作成し，その

評価及び改善に努めること。

(3) 体調不良，食物アレルギー，障害のある子どもなど，一人一人の子ども
の心身の状態等に応じ，嘱託医，かかりつけ医等の指示や協力の下に適切
に対応すること。栄養士が配置されている場合は，専門性を生かした対応
を図ること。

　食育というと何か行事を企画する，食の情報提供をイベントを通じて行うな
ど特別なことをすると思うかもしれないが，日常の保育の中で身近な食に関す
る環境と関わりながら，一人一人の子どもの心身の状態や興味に合わせて，ま
た，調理員・栄養士など食に関わる人々との連携を大事にしながら自然な形で
食への関心を高めていくものであることを心にとめたい。

　家庭に対しては，幼稚園や保育所等が食に対してどのような考えを持ってい
るのか，具体的な取り組み，その意図を園便り，ホームページ，ブログ等を利
用しながら伝えることが必要である。毎日の連絡帳で子どもの食事の様子や課
題を伝える努力も求められる。

演習課題

① 基本的な生活習慣の形成の意義と，その形成において大事なことをま
とめてみよう。

② 睡眠が，子どもの発育に果たす役割をまとめてみよう。

③ 睡眠不足が子どもに与える影響についてまとめてみよう。

④ 衣服の着脱の自立には，どのようなものがあるのかをまとめてみよう。

⑤ 清潔の習慣を身に付ける時に大事なことをまとめてみよう。

⑥ 排泄の習慣を身に付けることの意義をまとめてみよう。

⑦ 食に関する現代的課題を挙げ，それらに保育現場で対処していくには
どのような取り組みが考えられるか挙げてみよう。

⑧ 和食文化の良さを伝えるためにどのような取り組みを行うことができ
るのか，アイデアを出し合ってみよう。

⑨ 保育現場におけるアレルギー対策として，気を付けなければならない
食べ物を扱う場面（主たる注意点）を書き出してみよう。

回答例：給食時（調理室との連携，配膳の際の確認）

その他：おやつ，行事等における行事食，豆まき，牛乳パックによる制
作活動，早朝保育，延長保育など通常保育以外での食事提供など

参考文献

池田裕恵編　子どもの元気を取り戻す　保育内容「健康」　杏林書院　2011

宇理須厚雄監修　アレルギー支援ネットワーク編集　アレルギー大学テキスト
食物アレルギーの基礎と対応――医学，食品・栄養学，食育から学ぶ　みらい
2011

大原俊夫・池田政憲　乳幼児の睡眠時間の調査　小児保健研究，42(6)：606-609.
1983

小野友紀　保育園の食事 離乳食から幼児食まで　芽ばえ社　2016

神山 潤　眠れない・眠らない日本の子どもたち　日本子どもを守る会編　子ども
白書2005　草土文化　2005

河邉貴子・柴崎正行・杉原 隆編　保育内容「健康」　ミネルヴァ書房　2009

厚生労働省　第6回21世紀出生児縦断調査　2007

厚生労働省　平成27年度乳幼児栄養調査　2015

厚生労働省　保育所保育指針　2017

厚生労働省　保育所保育指針〈平成29年告示〉　フレーベル館　2017

厚生労働省 保育所における食育のあり方に関する研究班　楽しく食べる子ども
に――保育所における食育に関する指針　2004

西頭三雄児・藤善瑞子編　健康　福村出版　1980

相馬範子　生活リズムでいきいき脳を育てる――子育ての科学98のポイント　合
同出版　2009

内閣府・文部科学省・厚生労働省　幼保連携型認定こども園教育・保育要領〈平

成29年告示〉 フレーベル館 2017

村岡眞澄・小野 隆編著 保育実践を支える 健康 福村出版 2010

文部科学省 幼稚園教育要領〈平成29年告示〉 フレーベル館 2017

谷田貝公昭監修 谷田貝公昭・高橋弥生編 健康 一藝社 2014

谷田貝公昭・高橋弥生 データでみる幼児の基本的生活習慣（第2版） 一藝社 2009

5章
安全に生きる力を育てる

1節　子どもの成長と安全

1　安全管理と安全教育

　幼稚園教育要領（平成30年4月1日施行）第1章総則第2項に，幼稚園教育において育みたい資質・能力及び「幼児期の終わりまでに育ってほしい姿」が示されている。そこでは，(1) 健康な心と体の項目に「(略) 見通しをもって行動し，自ら健康で安全な生活をつくり出すようになる」とある。そして，領域「健康」のねらいに，「(3) 健康，安全な生活に必要な習慣や態度を身に付け，見通しをもって行動する」とあり，内容では「(9) 自分の健康に関心をもち，病気の予防などに必要な活動を進んで行う」「(10) 危険な場所，危険な遊び方，災害時などの行動の仕方が分かり，安全に気を付けて行動する」と記されている。さらに内容の取扱いには「(6) 安全に関する指導に当たっては，情緒の安定を図り，遊びを通して安全についての構えを身に付け，危険な場所や事物などが分かり，安全についての理解を深めるようにすること。また，交通安全の習慣を身に付けるようにするとともに，避難訓練などを通して，災害などの緊急時に適切な行動がとれるようにすること」とある。また，「保育所保育指針（平成30年4月1日施行）」「幼保連携型認定こども園教育・保育要領（平成30年4月1日施行）」においても幼稚園教育要領と同様の内容が記載されている。つまり，幼児期の教育には，子どもが自らの健康・安全に留意し，場面に応じて行動できるようになる能力を培っていくことが期待されている。

　幼児期の教育で子どもの安全を考える時，「安全管理」と「安全教育」の2

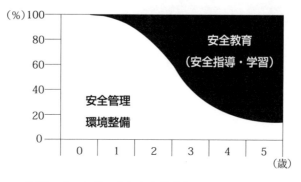

図5−1 年齢に応じた事故防止

(田中哲郎, 2011)

つの側面が必要となる。「安全管理」は子どもの事故の特徴や原因を知り，子どもを取り巻く環境を安全に整えることである。子どもが小さいうちは保育者や保護者の安全管理が徹底されることによって事故防止が可能である。しかし子どもは，次第に多様な活動を広範囲で行うようになり，安全管理だけでは事故を防げない場合が増えてくる。子どもが成長するにしたがって，子どもが自らの行動や外部環境に存在する様々な危険を事前に察知して安全に行動できるようになる「安全教育」の重要性が増してくるのである。年齢に応じた「安全管理」と「安全教育」の関係は**図5−1**に示すとおりである。子どもの成長に応じて，周りの大人が子どもの安全を保障するばかりでなく，子ども自身の安全に対する意識の高まりと行動が必要である。

2 子どもの遊びに潜むリスクとハザード

国土交通省は「都市公園における遊具の安全確保に関する指針（改訂第2版）」で，「子どもは，遊びを通して冒険や挑戦をし，心身の能力を高めていくものであり，それは遊びの価値の一つであるが，冒険や挑戦には危険性も内在している」と記している。これは，子どもの遊びの中に内在する危険も遊びの価値の一つであることを表現したものである。さらに同指針では，子どもの安

5 章　安全に生きる力を育てる　135

表5－1　リスクとハザード

リスク	・遊びの楽しみの要素 ・冒険や挑戦といった遊びの価値の一つ ・子どもの発達にとって必要な危険性 ・危険を予測し，事故を回避できるようになる経験 ・子どもにとって予測可能な危険性
ハザード	・事故を発生させるおそれのある危険性 ・冒険や挑戦といった遊びの価値とはならない ・子どもにとって予測不可能な危険性 ・どのように対処すれば良いか判断不可能

国土交通省「都市公園における遊具の安全確保に関する指針（改訂第2版）」を基に筆者が作成。

表5－2　ハザードの例

◆ 物的ハザード…遊具の構造，施工，維持管理の不備などによるもの

・不適切な配置…動線の交錯，幼児用遊具と小学生用遊具の混在など

・遊具及び設置面の設計，構造の不備…高低差，隙間，突起，設置面の凹凸など

・遊具の不適切な施工…基礎部分の不適切な露出など

・不十分な維持管理の状態…腐食，摩耗，経年による劣化，ねじなどのゆるみの放置など

● 人的ハザード…利用者の不適切な行動や服装などによるもの

・不適切な行動…ふざけて押す，突き飛ばす，動く遊具に近づくなど

・遊具の不適切な利用…過度の集中利用，使用中止の措置を講じた遊具の利用など

・年齢，能力に適合しない遊具で遊ばせる…幼児が単独で，あるいは保護者に勧められて小学生用遊具で遊ぶなど

・不適切な服装，持ち物…絡まりやすい紐のついた衣服やマフラー，ヘルメット，ランドセル，サンダル

国土交通省「都市公園における遊具の安全確保に関する指針（改訂第2版）」

全を確保する視点として，遊びにおける危険を「リスク」と「ハザード」という概念に分けて**表5－1**のように説明している。

　「リスク」は，子どもの興味・関心や冒険・挑戦する気持ちから生まれるも

のである。子どもたちは新しいこと，ちょっと危ないことを伴った遊びに面白さを感じ，その遊びの経験が子ども自身の事故を回避する能力を高めていく。一方「ハザード」は，子どもが予測できない危険である。保育者は，子どもが行動する環境や使用する遊具・道具などをよく点検し，事故を誘発する可能性である「ハザード」を取り除く必要がある（**表5－2**）。

　子どもの遊びに内在する「リスク」と「ハザード」は，子どもの成長段階や遊びの環境によって常に変化するものである。子どもの体格・体力，遊んでいる時の精神状態，遊びの種類や方法，遊び仲間の存在，遊具の特徴，経験や理解力など複数の要因の影響によって危険度が異なる。日々の生活の中で，個々の子どものもつ危険回避能力や危険予知能力を高めていくことが大切である。

3　園におけるリスクマネジメント

　子どもの保育を担う園の重要な役割は，子どもの安全を保障することである。ケガなく，事故なく，事件なくということは保育を行う上での基本であり最重要課題である。子どもの保育をはじめとする園の活動は，そのすべてが安全の上に成り立っているといえる。

　園には様々な危険が潜んでいる。子どもの事故やケガばかりでなく，不審者の侵入，台風・地震・火災・洪水などの災害，病気や食中毒など多様な事象を想定してその対策に取り組まなければならない。園は，「リスクマネジメント」の考え方をもち，予測される危険に対して備え，子どもにとって安全な環境を保つことが必要である。「リスクマネジメント」は，もともと“予測される危険を抑え込むこと”であったが，現在では“アクシデントが起こった際の対応”，クライシスマネジメントを含めて捉えられている。

　園における「リスクマネジメント」は，次のとおりである。

(1) 園で起こりうる危険項目のリストアップ

(2) 予防策の検討

(3) 検討された予防策の実施

(4) 危険項目の再考と実施された予防策の改善

(5) 人・子どもがケガをしたり，事故・事件・災害が起こったりした場合の
　　 対応方法の共有と準備

　「リスクマネジメント」において最も重要なことは，危険な出来事を起こ
さないことである。事故の発生確率に関する法則に「ハインリッヒの法則」
（H・W・ハインリッヒ）というものがある。1件の重大な事故の背景には29件
のかすり傷程度の軽微な事故があって，さらにその後ろには，ケガには至らな
かったがヒヤリとしたりハッとしたりしたような事例が300件潜んでいるとい
うものである。つまり，重大な事故を減らすためには，ヒヤリとしたりハッと
したりするような事例を減らすことが大切である。ケガや事故にはつながらな
かった事例を，何事もなかったからといって見過ごすことなく，同じことが起
こらないよう手立てを講じることが軽微な事故を減らすことになり，軽微な
事故を減らすことが重大な事故を減らすことになる。園生活の安全を保つため
に，些細な出来事を見逃さず，園全体で情報を共有し，安全対策に努め続けな
ければならない。

2節　園での安全指導

1　安全指導の実際

　子どもの安全指導を行う際，子どもの安全に関わる特性について理解する必
要がある。子どもが安全を保つためには危険から逃れる必要がある。そのため
には以下の5つの「安全能力」が必要となる。
　① 危険を予測する能力
　② 危険を発見し，それを回避できる能力
　③ 危険を除去できる能力
　④ 危険が重複しないようにする能力
　⑤ 事故や災害に転じても最小限に食い止められる能力
　さらに「安全能力」を獲得するためには身体的要素・知的要素・情緒的要

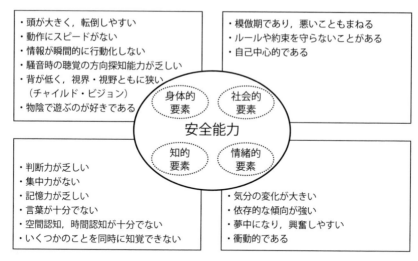

図5-2 安全能力と幼児の特性（米野吉則, 2014）

素・社会的要素が必要とされる（**図5-2**）。しかしながら，子どもは未熟な存在であり，そのすべてを修得しているわけではない。

そこで重要となるのが「安全教育」である。「安全」とは「心身や物品に危害をもたらす様々な危険や災害が防止され，万が一，事件・事故災害が発生した場合には，被害を最小限にするために適切に対処された状態」であり，「安全教育」とは危険が起きないように安全意識を高めることや，さらに危険にさらされても対応できるような能力を身に付けることである。

「安全教育」には，子どもが遊びを通じて身に付けていくことと，園が年間計画を策定して行われるものがある。前述のような「安全能力」は，まさに遊びから経験的に身に付けていくものである。子どもが敢えて危険を冒すことも遊びの中で想定されるが，保育者の「危ないからダメ」と言う言葉かけだけでは「安全能力」は身に付かない。子どもの安全が確保されるような環境を整えるとともに前節で触れている「安全管理」との関係を十分に理解する必要がある。

5章 安全に生きる力を育てる　139

ヒヤリチェックシート・ヒヤリマップ (例)

子どもが遊んでいる時にヒヤリとすることがあった。園庭にハッとする危険な場所を見つけた。そういう時にそのまま放置せず、ヒヤリチェックシートに記入して改善に努めるとともに、保育者同士で情報を共有して大きな事故につながらないようにしましょう。
さらに、ヒヤリチェックシートで集めた情報をヒヤリマップに落とし込むことで、保育施設内の危険な場所、注意すべきところが見えてきます。

1) ヒヤリチェックシートの作成例

園庭や遊戯室で危険なポイントを見つけたり、遊具に異常を感じたり、子どもが遊んでいる中でヒヤリとしたことがあった場合は、その都度、ヒヤリチェックシートに記入しましょう。

発見日時	発見者	ヒヤリの場面	ヒヤリの内容と問題点	改善の内容	改善できた (○) 少しできた (△) できなかった (×)	改善日

記入日：　　　　　　　記入者：

ヒヤリチェックシートに記入する習慣をつけることにより、日常的に安全への意識が高まるとともに、事故防止に向けたアイデアも生まれ、よりよい環境づくりへの意欲も生まれてきます。

2) ヒヤリマップの作成例

ヒヤリチェックシートに報告された "ヒヤリ" としたポイント、"事故が起きたポイント" などを保育施設のマップに記入します。

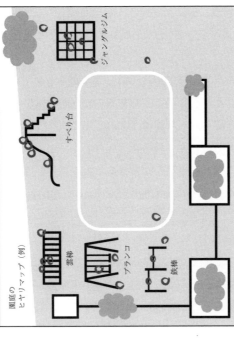

園庭のヒヤリマップ (例)

これらを作成し、情報を共有することで、より楽しく安全に体を動かす遊びを行う環境づくりにつなげていきましょう。

ポイント： ヒヤリチェックシートやヒヤリマップは、このページを参考にしながら、各保育施設の環境等に合わせて作成し、活用してください。

図5－3 「ヒヤリハットマップ」の作成

2 園環境と安全

　安全マニュアルを策定している園がほとんどであることから，各園でのマニュアルに従い，マニュアルの記載事項をしっかり理解することが重要である。しかしながら，マニュアルに書かれていることがなされていないこともあれば，書かれていないことが起こることもあるのが保育現場でもある。前者の場合，いうまでもないが直接であれ間接であれ，子どもへの健康や安全に悪影響を及ぼすことは必至である。後者の場合，保育者が子どもに起こりうる危険を悪化させないための，とっさの動きができることが最優先となる。事故発生時は子どもだけでなく，保育者自身も混乱に陥ることがある。ひと息しつつ，危険を取り除くとともに，適切な対応をしつつ，関係各所へ連絡しなければならない。

　環境という視点から，近年では「ヒヤリハット事例」を園内でまとめた「ヒヤリハットマップ」の作成をするところも増えてきている（**図５－３**）。事故発生の記録をきちんと整えることで，原因を究明することにとどまらず，さらなる危険防止につながるのである。

3 登降園中の安全──交通安全

　子どもの交通事故に関する実態を，特に交通安全の見地から考える。子どもの交通事故の割合をみると，自動車内での事故が圧倒的に多いことが統計から読み取ることができる。ついで「徒歩」「その他」の順となっている。

a 自動車

　6歳未満の幼児の自動車乗車中死者・重傷者・軽傷者におけるチャイルドシート（以下，CSと略）使用状況を見てみると，幼児の死者の71％，重傷者の40％が不使用であるなど，CS不使用により重大事故につながる危険性が高くなる傾向にある。自動車運転者とCS不使用による幼児の死重傷者の関係を見てみると，運転者の子ども，次いで孫であり，子どもの家族がほとんどである。CS不使用による幼児の死重傷者の乗車方法を見てみると，「座席にシートベルトを着用せずに着座」「抱っこ」や「大人用シートベルト着用」となって

いる。CS の不使用により，幼児が死亡・重傷する重大事故につながる危険性が高くなる傾向がある。

CS 不使用による幼児の死重傷者は，本来なら CS の装備・使用が当然とされている運転者の子どもや孫がそのほとんどを占めており，乗車方法は座席にシートベルトを着用せずに着座のほか，抱っこや大人用シートベルト着用のように，一見安全に見えても実は十分な安全確保が見込めない対応を行っている場合も見られる。警察庁・日本自動車連盟（JAF）が実施した「チャイルドシート使用状況全国調査 2017」によると，CS の使用が 64.1％にとどまっている。自動車に同乗する子ども自身がきちんと CS に乗る習慣を付けることも重要なことであるが，同時に同乗者である大人が正しく CS を装着しているか，CS そのものに乗っているのか，確認すべきである。さらに CS の不使用が重大事故につながることをあらためて認識し，子どもを乗車させる場合には国の安全基準を満たす CS の適正使用の徹底等，法令遵守，安全意識の醸成を図るべきである。

〈チャイルドシートの留意点〉

・子どもの体格に合い，座席に確実に固定できるものの使用
・助手席用エアバッグが装備されている場合には，できる限り後部座席での使用（やむを得ず助手席で使用する場合は，座席をできる限り後ろに下げて必ず前向きに固定）

b　徒歩・その他

徒歩の場合，圧倒的に「飛び出し」が多い。原因として危険予測能力の欠如が挙げられる。子どもが歩行者の場合は，系統立てて歩行中の危険予測を学ぶ機会が少ないことに加え，知的発達や運動発達の観点から 10 歳未満の子どもにとって道路横断の危険予測は難しいとされる。さらに子どもの発達の特性とも関連している。その一つが衝動性あるいは動作優位である。子どもはふだんから活動性が高く，走りやすいため，危険を感じるとそれに向かってあるいはそれから避けようとして走りやすい傾向があるとされる。もう一つの要因として，ピアジェがいう中心化や自己中心性がある。自己中心性は，自分の視点か

らだけ外界を見る認知の仕方であって，やってくる車が見えなければ安全と思うというようなことを指す。さらに子どもの身体的な未成熟のため，身長が低く，見通しが悪いところで発見しづらいという要因もある。

「飛び出し」を防止するためには，危険が感じられない横断場所であっても，いったん立ち止まること，横断時は走らないことを徹底して指導する必要がある。子ども自身が実践することで注意喚起を促すこととなり，結果として「飛び出し」そのものが減少することにつながるのである。

その他として，保護者が運転する自転車同乗中の事故が挙げられる。自転車の2人乗りに加え，子どもを自転車の前後に乗せる3人乗りも見られる。近年は自転車による事故も多発していることもあり，運転者である保護者の注意喚起はもちろんのこと，同乗する子どもは運転中は座る，立ち上がらないなど，バランスを崩すようなことを厳に慎むような指導が求められる。

4　緊急時の安全

緊急時とはどのような場合が想定されるであろうか。園生活で起こりうる緊急時として以下の事象が挙げられる。

a　自然に起因する災害（地震，津波，台風，竜巻，大雨，大雪等）

(1) 地震

地震は園で保育中に発生した場合によるものと，警戒宣言等，事前に発令された場合の対策等がある。保育中に発生した場合，それが園庭での遊びの中であるのか，保育室内での活動中か，午睡中なのか，降園直前であるか，場面によって子どもへの指示が異なってくる（**表5－3**）。保育者が子どもの安全確保のため，とっさに判断・行動するためには，日頃の訓練が重要となる。

(2) 津波

津波は海岸，河川から園所在地までの距離との関わりがあるため，海岸に近い危険地域ではとにかく揺れが収まった時点で速やかに高台へ避難することである。その際，子どもをどのように誘導するかを事前に把握し，実際の避難ルートを子どもとともに確認をすることが重要となる。

5章　安全に生きる力を育てる　143

表5－3　保育場面に応じた地震への対応

	地震発生時
保育室内	・出口の確保 ・的確な指示（「しゃがんで」「机の下にもぐって」「頭を守って」「先生がいるから大丈夫」「先生のそばにおいで」） ・保育室等では，毛布，防災頭巾等身近な物で頭部を保護させ，落下物のない場所に集める ・火災など二次災害の防止 ・机等の下にもぐらせる ・幼児は，防災頭巾等で頭部を保護し，姿勢を低くさせる ・乳児は，保育者等が抱きかかえ，毛布等で頭部及び上半身を保護する ・保育者等のそばに集める ・パニックを起こさないように，声をかけ安心させる
園庭	・的確な指示をする ・落下物のない場所に集め，頭部を保護させる ・固定遊具の上で動けなくなっている園児は，急いで降ろす ・安全が確認できるまでその場を動かないように指示 ・園舎内（トイレ，保育室，ホール等）や園庭の隅に園児が残っていないか確認する
午睡中	・出口の確保と的確な指示をする（「布団をかぶって」「頭を守って」） ・保育室等では，布団，毛布等身近な物で頭部を保護させ，落下物のない場所に集める ・火災など二次災害の防止
散歩中	・的確な指示をする（「しゃがんで」「頭を守って」「大丈夫，先生がいるから安心して」） ・地形や状況を判断し，落下物のない場所に集め，頭部を保護させる ・交通機関等を利用している場合は，乗務員の指示に従う
通園バス	・地形や状況を判断し，崩落や落下物等の恐れがない安全な場所にバスを停める ・的確な指示をする（「頭を守って」「先生がいるから安心して」） ・安全が確認できるまでその場を動かないように指示する ・最寄りの避難場所を選定する ・避難経路・避難場所の安全確認 ・落下物，飛散ガラス等から身を守るよう指示する ・地割れした道路，倒れた電柱，垂れ下がった電線等に近づかないように指示する
登降園	〈徒歩・自転車の場合〉 　・頭部及び上半身を保護し，姿勢を低くする 　・建物，ブロック塀，窓ガラス，自動販売機等から離れる 〈車の場合〉 　・車を路肩に寄せて停車させる 〈園内〉 　・園児が園内に残っていないか確認する 　・可能な限りで園近辺を見回り安否確認をする 　・園児がいた場合は，保護者も一緒に園庭へ避難させる
休日・夜間	・自分自身の安全を確保する　・家族の無事を確認する　・家族の安否確認後，園や指定されている避難場所に参集する　・園児と保護者の安否確認をする　・保育者等の安否確認をする　・園舎や園周辺の被害状況の確認をする

高知県教育委員会『保育所・幼稚園等防災マニュアル作成の手引き 地震・津波編』平成24年，高知県教育委員会を基に筆者が作成

(3) 台風（暴風）

台風とは最大風速（10分間平均）が17m/s以上の低気圧のことをいう。台風時に発令される「暴風警報」は地域や場所（陸上・山間部・内海・外海）によって基準が異なっているが，おおむね風速20m/s以上となっている。ほとんどの園では「暴風警報」の発令を基準として保育の実施・継続の判断をしているが，特に保育中に「暴風警報」が発令された際，保護者へ引き渡しができる場合とできない場合が想定される。最悪，保育者，子どもとも帰宅できないことも予想される。園内では災害用の食糧を備蓄するなどの対応が求められる。

(4) 竜巻

竜巻とは，乱雲に伴う強い上昇気流により発生する激しい渦巻きで，多くの場合，漏斗状または柱状の雲を伴うものをいう。被害域は，幅数十〜数百メートルで，長さ数キロメートルの範囲に集中するが，数十キロメートルに達するものもある。竜巻は猛烈な風とともに，周囲にある物を巻き込み，それが飛散物となる。そのため発生時に屋外にいる場合は速やかに屋内に入るとともに，窓を避け，できる限り建物の中心に近いところで頭を保護することが重要となる。

(5) 大雨

いわゆる「ゲリラ豪雨」のように，短時間に猛烈な降水が見られるようになってきている。また大雨警報についてもこれまでは降水量のみを基準としていたが，近年では上流域の降水量や流下による時間差を考慮した「流域雨量指数」や降雨が土壌中にどれだけ貯まっているかを見積もり，土砂災害の危険度の高まりを表現した「土壌雨量指数」が考慮され，出されている。洪水害・土砂災害の危険性は地域により異なるため，園周辺の環境を理解するとともに，早めの対応が求められる。

(6) 大雪

降雪は地域により変化する。少雪地では雪に慣れていないため，交通障害による混乱や人的被害や建物損壊等，予想を上回る影響が見られる。子どもの登

降園時だけでなく，在園中，大雪により帰宅困難となる場合も予想されるので，食糧の備蓄や停電時の防寒対策等を講ずる必要がある。

b　火災

火災の発生源により，子どもの避難誘導も変化する。園内に起因するものなのか，それとも外部からの延焼によるものなのか，それにより対応も異なる。さらに地震発生に伴う火災発生も十分に予想されるため，実際に火災に遭った場面を想定しての訓練が重要となる。火災発生時は，1）煙を吸わないようハンカチや手で口を覆い，2）体勢を低くして，3）発生元から速やかに離れる。「おかしも」の標語（お…押さない，か…駆けない，し…喋らない，も…戻らない）が示すことも重要である。

c　施設等の劣化，管理不徹底に起因するもの

遊具が劣化して壊れてケガを負う，定期点検の怠慢による損傷などがある。遊具の定期的点検時に使用するマニュアルを作成する園もあるが，目視だけでは不十分なことがある。耐用年数を超えたものや老朽化する遊具は目視に頼るだけでなく，公園施設製品安全管理士・公園施設製品整備技士等の専門職に依頼することも必要となる。

d　不審者侵入等によるもの

オートロックが導入される園も増えているものの，開かれた園をめざすため，門を開放しているところも少なくない。そのため来訪者の確認を常時行うとともに，一目で来訪者とわかるようバッジ着用を依頼する。不審者が侵入してきた場合，不審者が凶器を持参している可能性もあるので，無謀な行動は慎まなければならない。防犯という観点から，見知らぬ人物であっても，まずは挨拶から，常に保育者は「言葉かけ」を心掛けたい。

e　その他

近年，周辺国との緊張感が高まってきている。事実，飛翔体が日本上空を通過しており，国から「Jアラート」（全国瞬時警報システム）が発表されることもある。緊急事態を想定して，「もしも」の場面にも冷静に対応することが求められてきている。

いざという時，保育者が絶対に行わなければならないことは子どもの所在確認である。いつ，どこでどのようなことが発生するかわからない中，緊急時すぐに子どもを集められるようにすることが肝要である。そして，名前と顔を確認し，全員いるということが確認できてこその「安全」である。

演習課題
① 子どもの成長に応じた安全教育について考えてみよう。
② 園内外の危険個所について考えてみよう。
③ 保育現場において避難訓練を実施することを想定し，実施計画を立ててみよう。

参考文献

警察庁 「子供を守るチャイルドシート」(https://www.npa.go.jp/bureau/traffic/anzen/childseat.html)

国土交通省都市・地域整備局公園緑地課　都市公園における遊具の安全確保に関する指針（改定第2版）2015

関川芳孝　保育士と考える実践 保育リスクマネジメント講座　全国社会福祉協議会　2008

田中哲郎　保育園における事故防止と安全管理　日本小児医事出版社　2011

谷田貝公昭・高橋弥生編　健康　一藝社　2014

民秋 言・穐丸武臣編著　保育内容 健康　北大路書房　2009

畑村洋太郎　失敗学の法則　文藝春秋　2002

松浦常夫　子どもの飛び出し事故の事例分析　交通事故総合分析センター 「第14回 交通事故・調査分析研究発表会資料」2011

文部科学省　学校安全参考資料「生きる力」をはぐくむ学校での安全教育　2010

6章
領域「健康」の指導計画

1節　教育課程の編成・全体的な計画の作成

1　教育課程・全体的な計画とは

　教育課程とは，入園から修了に至るまでの幼稚園教育において育みたい資質・能力を踏まえつつ，各幼稚園の教育期間における教育目標や方針に基づき，どのように教育を進めていくのかを示した計画である。保育所においても，保育所の方針や目標に基づいて，保育の内容が保育所の生活の全体を通して，総合的に展開されるように計画したものを全体的な計画としている。また，幼保連携型認定こども園においても，園に通う全ての子どもを対象に，その園の方針や目標に基づいて，入園から修了までの在園期間全体にわたって，教育及び保育の内容等を構成したものを全体的な計画としている。

　これまで幼稚園は「教育課程」，保育所は「保育課程」，幼保連携型認定こども園では「全体的な計画」と示していたが，平成29年の改訂（定）で，幼稚園・保育所・幼保連携型認定こども園における教育・保育の内容と保健計画や安全計画・食育計画等を関連させ，一体的に行われるよう「全体的な計画」を作成することが示された。幼稚園においては教育課程を中心に，それ以外の時間の教育活動の計画，安全・防災，保健などの計画等を全体としてまとまりのあるものに作成していくことである。

2　教育課程・全体的な計画とカリキュラム・マネジメント

　各園では，園の方針や目標に基づき，「幼児期の終わりまでに育ってほしい

148

姿」を踏まえながら，子どもの発達の過程，園や地域・家庭の実態を考慮して，創意工夫を生かした教育課程・全体的な計画を編成する。

　教育課程・全体的な計画は，園生活の大まかな教育・保育の道筋を示したものであり，教育課程・全体的な計画を基に日々の保育が実践される。保育の質を向上させていくためにも，1年間の保育実践を積み重ねた後，保育を振り返り，園の方針や目標，環境の構成，指導方法などの評価と改善をしていくこと（カリキュラム・マネジメント）が必要である。このような Plan（計画）－ Do（実行）－ Check（評価）－ Action（改善）という一連の流れは，それぞれの頭文字をとって，PDCA サイクルと呼ばれている。

　この PDCA サイクルの過程において，次年度の教育課程の編成・全体的な計画が作成される。

3　教育課程・全体的な計画における主に領域「健康」に関する「ねらい」や「内容」

　領域「健康」は，子どもの発達の心身の健康に関する側面からまとめたものであり，子どもが資質・能力を育んでいくには，他の領域と絡み合い，相互に影響しながら総合的に指導を行う必要がある。そのため，教育課程・全体的な計画においては，領域の「ねらい」や「内容」，幼児期の終わりまでに育ってほしい姿をそのまま具体的なねらい，内容にするのではなく，子どもの発達や各時期に展開される生活に応じて，適切に具体化したねらい，内容を設定する。

　子どもの入園（所）期間の発達過程を捉え，どの時期にどのようなねらいをもち，どのような経験を保障するのか，どのように指導するのか，各領域に示す事項に基づいて明らかにする必要がある。ここでは，保育所における全体的な計画の1例から，領域「健康」に関する内容を抜粋したものを示す（**表6－1**）。

6章　領域「健康」の指導計画　149

表6－1　領域「健康」（健やかに伸び伸びと育つ）からの抜粋

	健康（健やかに伸び伸びと育つ）
0歳児	・愛情豊かな受容の下，生活リズムを身に付けたり，身体を動かす心地よさを感じたりする。
1歳児	・身の回りのことに興味をもち，自分でしようとする気持ちが芽生える。 ・保育者と一緒に，伸び伸びと体を動かすことを楽しむ。
2歳児	・生活に必要な習慣に気付き，身の回りのことを自分でしようとする。 ・保育者と一緒に，全身を使って遊ぶことを楽しむ。
3歳児	・健康で安全な生活に必要な習慣が分かり，自分でしようとする。 ・保育者や友達と一緒に，いろいろな遊びを通して，体を動かす楽しさを味わう。
4歳児	・健康で安全な生活に必要な習慣を身に付け，進んで行動しようとする。 ・身近な遊具や用具を使いながら，十分に体を動かして遊ぶことを楽しむ。
5歳児	・健康で安全な生活に必要な習慣や態度を身に付け，自分たちで見通しをもって，行動する。 ・友達と一緒に様々な活動に意欲的に取り組む。

2節　教育課程・全体的な計画に基づく指導計画

1　教育課程・全体的な計画と指導計画の関係

　教育課程・全体的な計画とは，ねらいや内容を示す保育の方向性を表すものであり，実際に保育の中でどう具体的に展開するのかを表したのが，指導計画である。つまり，指導計画とは，教育課程・全体的な計画を基に，子どもの実態と照らし合わせて，ねらいや内容，環境構成，保育者の援助等を具体的に示したものである。

　指導計画には，長期の指導計画（年，学期，期，月）と，短期の指導計画（週，日）がある。また，登園から降園までの一日の生活の流れを示したデイリープログラムもある。

2　長期の指導計画と短期の指導計画

　教育課程・全体的な計画を1年や期，月という長期的な視点で具体化したものが長期の指導計画である。そして，長期の指導計画から，今ある子どもの姿

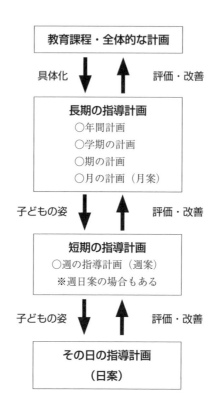

図6-1 教育課程・全体的な計画と指導計画の関係

や保育者のねらい（願い）をもとに，より具体化したものが，短期の指導計画である。計画が短期なものほど，遊びの内容や環境の構成，保育者の指導や援助は具体化されなくてはならない。

　また，指導計画に基づいた保育実践の後には，保育を振り返り，評価・改善していくことが大切である。そして，その評価・改善を長期の指導計画に反映し，最終的には，教育課程・全体的な計画の再編成につなげていく。これが，カリキュラム・マネジメントである（**図6-1**）。

3　長期の指導計画例

　長期の指導計画は，1年間を見通した計画であり，各園の教育課程・全体的な計画に基づいて，乳幼児の発達する姿を長期的に捉え，具体的な指導の内容（経験する内容）や方法を示したものである。長期の指導計画は，子どもの発達の節目（変化）を捉え，その期ごとに作成されることが多い。長期の指導計画の作成においては，各時期における子どもの発達の過程，季節に応じた遊びや活動などを想定して，それぞれの時期にふさわしい生活や活動を展開し，必要な体験や経験を得られるように作成しなければならない。

　実際には，各時期における発達の過程に基づいたねらいと内容，それに対する環境の構成，保育者の指導・援助（関わり）に分けて表記されていることが多い。

　次に示すものは，ある保育所の2歳児の年間計画（**表6−2**〈152-153頁〉）と5歳児の年間計画（**表6−3**〈154-155頁〉），4月の指導計画（**表6−4**〈156-157頁〉）である。指導計画は，各園の全体的な計画に基づいて作成しており，その指導計画の中でどこに重点を置くかによって，計画の中に示されるものが異なる。

4　短期の指導計画例

　長期的に子どもの生活や発達を見通した長期の指導計画に対し，具体的な子どもの生活に即した計画が，短期の指導計画である。短期の指導計画は，長期の指導計画との関連を保ちながら，子どもたちの生活リズムに配慮し，興味や関心に基づいた活動が自然な生活の流れの中に組み込まれるようにしていくことが必要とされている。

　短期の指導計画には，週の指導計画（週案）と日の指導計画（日案）がある。子どもの生活や発達の連続性が1週間の区切りになることが多いので，週日案を作成する園が多く見られる。また，生活や発達の連続性を2週間の区切りで捉えて作成する園もある。

表6−2　○○保育園　年間指導計画例（2歳児）

	2歳児の年間計画	年間目標
	1期（4〜5月）	2期（6〜8月）
ねらい	・新しい環境に慣れ，安心して，生活したり遊んだりする。 ・保育者に手助けされながら，身の回りのことをしようとする。 ・春の自然に触れ，保育者との関わりの中で，好きな遊びを十分に楽しむ。	・保育者の見守りや手助けの中，身の回りのことを自分でしようとする。 ・夏の遊びを十分に楽しみ，開放感を味わう。 ・いろいろな遊びを通して，友達と関わって遊ぶ楽しさを味わう。
内容（健康・人間関係・環境・言葉・表現）	・家庭的で温かい雰囲気の中で安心して過ごす。 ・新しい生活の場や生活リズムに慣れる。 ・簡単な着脱や身の回りのことに興味をもち，保育者と一緒にしようとする。 ・保育者や友達と喜んで食事をする。 ・保育者に誘われて，一緒にトイレに行き，排泄しようとする。 ・自分でしたいこと，してほしいことを自分なりの表現で伝えようとする。 ・保育者や友達と好きな遊びを楽しむ。 ・喜んで好きな歌や季節の歌を歌ったり，手遊びや体を動かして遊んだりする。 ・伸び伸びと体を動かして遊んだり，春の自然の中で小動物や草花に触れて遊ぶ。	・必要に応じて休息や水分をとり，心地良く過ごす。 ・簡単な持ち物の始末や衣服の着脱などを保育者に手伝ってもらいながら，自分でしようとする。 ・楽しい雰囲気の中で，スプーンを使って自分で食事をする。 ・自分から尿意を知らせ，トイレで排泄しようとする。 ・水・砂・泥などの感触を楽しみながら，夏の遊びを全身を使って楽しむ。 ・いろいろな素材に触れ，保育者と一緒に作ったものを見立てたり，それを使って遊んだりする。 ・見立てやごっこ遊びを通して，保育者や友達と遊ぶことを楽しむ。
環境構成と保育者の援助・配慮	・一人一人の不安や緊張を受け止め，ゆったりとした雰囲気の中で過ごせるようにすると共に生活や遊びの場を清潔で安全に整える。 ・自分で食べようとする意欲を大切にし，楽しい雰囲気作りを心掛ける。 ・自分でしようとする気持ちを大切にして，見守ったり，共感したりして，自信や意欲がもてるようにする。 ・一人一人の排尿間隔を把握し，タイミングよくトイレへ誘うようにする。 ・簡単な身の回りのことを一緒にしやすいように，タオル掛けやロッカーなどにマークを貼っておく。 ・興味をもつような遊びや遊び慣れた玩具を準備しておき，安心して遊べるようにする。 ・保育者と季節の歌などを歌って楽しんだり，音楽に合わせて体を動かしたりする。 ・散歩に出かけ，春の自然に触れたり，体を動かしたりして遊ぶ機会を多くもつ。	・湿度や室温，健康状態などに気を配り，水分補給や休息を適切に行う。 ・子どもの気持ちを大切にしながら，さりげなく手助けをし，自分でできた満足感が味わえるようにしていく。 ・保育者も一緒に楽しく食事をしながら，食事の量など，一人一人に合わせて対応していく。 ・トイレに壁面飾りを貼るなどして，明るい雰囲気を作る。 ・一人一人の排尿間隔に合わせて誘いかけ，トイレに行けるようにする。 ・砂遊びや水遊びなどをする時は，全身で思い切り感触を楽しめる遊びを取り入れ，興味がもてるようにする。 ・素材を豊富に準備し，遊びに必要な物を作り，見立てやごっこ遊びを楽しめるようにする。 ・保育者も一緒に遊んだり，必要に応じて代弁したりしながら，友達と関わっている楽しさが感じられるようにしていく。
家庭との連携	・新しい環境に対する不安や緊張がある子どももいるので，日々の様子を丁寧に伝え，信頼関係を築いていく。 ・進級・入園式やふれあい遠足など，直接ゆっくり話し合う時間を大切にする。	・子どもの体調について情報交換し，水遊びへの参加の有無を確認する。 ・保育参加や夏祭りを通してスキンシップをしたり，親子で関わって遊んだりする大切さについて知らせていく。

6章　領域「健康」の指導計画　153

・保育者との安定した関わりの中で，自分の思いや要求を表し，安心して過ごす。
・生活に必要な基本的生活習慣を身に付け，進んでしようとする。
・保育者の仲立ちに支えられながら，友達と関わって遊ぶことを楽しむ。

3期（9〜12月）	4期（1〜3月）
・簡単な身の回りのことを自分でしようとする。 ・全身を動かして，伸び伸びと遊ぶことを楽しむ。 ・保育者や友達と一緒に，模倣や表現遊びを楽しむ。 ・秋の自然に触れて，遊ぶことを楽しむ。	・自分でできることに喜びを感じながら，身の回りのことを自分でする。 ・ごっこ遊びや集団遊びなどいろいろな遊びを通して，保育者や友達と一緒に遊ぶ楽しさを味わう。 ・冬の自然に触れ，自然への興味・関心を広げる。
・薄着の習慣を身に付け，健康に過ごす。 ・自分で食べる喜びを感じながら，様々な食べ物に興味をもち，食べようとする。 ・尿意を感じたら，自分から排泄しようとする。 ・簡単な衣類の着脱など，身の回りのことを自分でしようとする。 ・走る，跳ぶなどの全身を使った遊びを楽しむ。 ・友達や保育者と一緒に体験したことを取り入れ，ごっこ遊びを楽しむ。 ・保育者や友達と一緒に歌を歌ったり，踊ったりするなど，表現して遊ぶ。 ・戸外遊びや散歩を通して，秋の自然物に触れて遊ぶ。 ・はさみやのりなどの使い方を知り，保育者と一緒にやってみようとする。	・保育者と一緒に手洗いやうがいをしたりして，健康的な生活習慣を身に付ける。 ・箸に興味をもち，少しずつ使いながら，様々な食べ物を食べる。 ・自分からトイレに行き，排泄をする。 ・一つ大きいクラスになることに期待をもち，身の回りのことを進んでしようとする。 ・簡単なルールのある遊びなどを通して，保育者や友達と一緒に体を動かして遊ぶことを楽しむ。 ・簡単な物語の内容が分かり，イメージしながら見たり聞いたりすることを喜び，友達とごっこ遊びを楽しむ。 ・遊びや生活の中で，自分の思いを言葉にしたり，言葉のやり取りを楽しんだりする。 ・冬の自然事象に関心をもち，触れて遊ぶ。
・活発に遊べるように，安全な環境を整え，必要に応じて水分や休息をとれるように配慮する。 ・子どもがやってみようとする気持ちがもてるように励ましたり，言葉がけをしたりする。 ・友達とのトラブルが増えるので，互いの気持ちを温かく受け止め，仲立ちをしたり，関わり方を丁寧に知らせたりしていく。 ・子どものイメージや発想を大切にし，遊具や場の工夫をしたり，保育者が一緒に遊んだりしながら，遊びを十分に楽しめるようにしていく。 ・年上の子の姿に興味をもって遊べるように，異年齢で一緒に遊ぶ機会をもつようにする。 ・散歩などの機会を多くもち，秋の自然に触れたり，季節の移り変わりを感じたりすることができるようにしていく。 ・道具の使い方を丁寧に知らせながら，自由な発想で作ったり，表現したりすることを楽しめるようにする。	・手洗いやうがいの励行を促し，風邪の予防に努め，室温や湿度，換気に留意する。 ・箸の使い方を丁寧に知らせながら，箸を使って食べられた喜びに共感する。 ・一人一人に応じた援助を行い，基本的生活習慣を身に付け，自信をもってできるようにする。 ・保育者も一緒に遊びながら，簡単なルールのある遊びなどの楽しさに共感し，みんなで遊ぶ楽しさを感じられるようにしていく。 ・ごっこ遊びが楽しめるように，絵本の読み聞かせをしたり，遊びのイメージに適した遊具や素材などを用意したりする。 ・子どもの話したいことをじっくりと聞いたり，汲み取ったりし，相手に思いが伝わる喜びが感じられるようにしていく。 ・戸外遊びや散歩をしながら，冬の自然に触れて遊ぶ機会を大切にする。
・身の回りのことを喜んでしている姿を伝え，子どもの思いを受け止め，見守ることの大切さを確認し合う。 ・運動会などの行事を通して，親子の触れ合いや保護者同士の関わりを大切にしていく。	・冬に流行する病気や予防法を知らせ，保護者と連携して，健康に過ごせるようにする。 ・1年間の成長を保護者と喜び合うと共に，進級について話す機会を作り，安心してもらえるようにする。

154

表6−3 年間指導計画例（5歳児）

		○○保育園　5歳児　　　　　　　　　　　年間指導計画	
養護	ねらい	・保健的で安全な環境を作り，快適に生活できるようにする。 ・一人一人の欲求を十分満たし，生命の保持と情緒の安定を図る。	
	内容	・一人一人の健康状態を把握し，異常のある時は速やかに適切な対応をする。 ・施設内の環境や保健に十分留意し，快適に生活できるようにする。	
教育	年間目標	○友達と意欲的に過ごす中で，健康で安全な生活に必要な習慣や態度を身に付ける。 ○自分の思いや意見を言葉で表現するとともに，相手の思いを受け止め，互いに認め合う。 ○友達と一緒に様々な活動に取り組む中で，目標に向かって力を合わせたり，工夫したりし，達成感や充実感を感じる。	
	期	1期（4・5月）	2期（6・7・8月）
	ねらい	・新しい生活や環境に慣れ，友達との遊びや生活を楽しむ。 ・年長児としての意識をもち，年下児と関わる中で，思いやりの気持ちをもつ。 ・身近な動植物に触れながら，愛情をもって世話をし，親しみをもつ。	・夏の健康で安全な生活の仕方を身に付ける。 ・友達とのつながりを深め，互いの思いを伝え合いながら，遊びや生活を進める。 ・夏ならではの遊びに積極的に取り組み，工夫したり，試したりして遊ぶ。
	内容（健康・人間関係・環境・言葉・表現）	十分に体を動かして遊び，進んで食事をすることを楽しむ。／園生活で必要なきまりや約束を確認し合い，自分たちの生活の場を整える。／新しい環境や年長児としての生活の仕方や習慣を身に付ける。／友達と一緒にいろいろな運動遊びを力いっぱい楽しむ。／年下の子の世話をし，親しみをもつ。／保育者や友達などとの安定した関係の中で，意欲的に遊びや生活を楽しむ。／身近な春の自然に触れ，美しさや変化に気付き，興味や関心を深める。／自分の気持ちや思いを話したり，身近な人の話を聞き，理解しようとする。／絵本や童話，図鑑に親しみ，その面白さが分かり，イメージして楽しむ。／身近にある標識や文字，記号に興味をもつ。／友達と一緒に音楽を聴いたり，歌ったり，体を動かしたり，楽器遊びをしたりする。／いろいろな素材や用具を使って，自由に描いたり，作ったりする。	自分の体に関心をもち，健康な生活に必要な習慣や態度を身に付ける。／休息する意味が分かり，運動や食事の後は静かに休もうとする。／夏ならではの様々な遊びを友達と試したり，工夫したりして遊ぶ。／水の危険性を理解し，約束を守って水遊びやプール遊びを楽しむ。／梅雨期や夏期の自然事象の不思議さや美しさに興味や関心をもつ。／身近な動植物に触れ，観察したり，調べたり，世話をしたりして興味をもって親しむ。／野菜などの栽培物の生長に興味をもって世話をしたり，収穫したり，食べる喜びを味わったりする。／生活や遊びの中で時刻，時間などに関心をもつ。／思ったこと，考えたことを相手に分かるように話し，相手の思いに気付く。／絵本や童話，図鑑に親しみ，様々なことを知り，イメージを膨らませる。／様々な素材や用具を使い，自分なりに感じたことや想像したことを表現する。／様々な音色やリズムの違いを知り，一緒に歌ったり，楽器を鳴らしたりすることを楽しむ。

6章　領域「健康」の指導計画　　155

・楽しんで食事や間食が取れるようにする。
・適切な休息や静的活動を取り入れ，心身の疲れを癒したり，集団生活による緊張を緩和したりする。

・食事，排泄，睡眠，休息など，生理的欲求が適切に満たされ，快適な生活や遊びができるようにする。
・一人一人の子どもの気持ちや考えを温かく受け止め，保育者との信頼関係の中で，自分の思いや考えを安心
　して表し，情緒の安定した生活ができるようにする。
○自分の力を発揮したり，工夫して表現したりする喜びや楽しさを味わう。
○身近な社会や自然事象への興味・関心を深め，自ら関わろうとする態度や豊かな感性を養う。

3期（9・10・11・12月）	4期（1・2・3月）
・戸外で体を十分に動かし，友達と一緒に役割やルールを決め，遊びを進める楽しさを味わう。 ・共通の目的をもち，友達と意見を出し合いながら，協力したり，工夫したりして遊ぶことを楽しむ。 ・自分たちで考えたことを遊びの中に取り入れ，表現する楽しさを味わう。	・一人一人が就学への期待をもち，自信をもって行動する。 ・自分らしさを大切にしながら，友達と協力して，生活や遊びを進めていく充実感を味わう。 ・いろいろな活動を通して，自分の思いや感じたことを表現しながら，互いの成長を喜び，認め合う。
気温差や活動に応じて，衣服の調節や手洗い，うがいなど健康に必要な習慣を身に付ける。／危険な場所や遊びが分かり，安全に気をつけて行動する。／共同の遊具や用具を大切にし，みんなで使う。／様々な運動遊びに取り組み，自分の目標に向かって努力したり，友達と工夫したりして遊ぶ。／友達と活動する中で，共通の目的を見いだし，工夫したり協力したりする。／相手の思っていることに気付き，その思いを受け止める。／身近な出来事に興味をもったり，生活に関係の深い様々な地域の人々に関心をもって関わり，親しむ。／身近な自然の美しさや不思議さなど季節の変化に気付き，興味や関心を深める。／身近にある数，形，時間，位置，文字，記号などに関心をもち，生活や遊びの中に取り入れる。／自然物を使って，様々な遊びを楽しむ。／経験したり，感じたり，考えたりしたことを相手に分かるように言葉で表現する。／友達と協力し合って，イメージを共有して描いたり作ったりすることを楽しむ。／音楽に親しみ，みんなと協力し合って，歌ったり，楽器を弾いたり，踊ったりして，音色やリズムの楽しさを味わう。	健康に必要な習慣や生活リズムを身に付ける。／自分の目標に向かって努力し，積極的に様々な運動に挑戦する。／自分たちでルールを決めたり，遊び方を考えたりして，みんなで遊ぶ。／友達との関わりを深め，思いやりをもつ。／友達との関わりの中でよいことや悪いことなどを考えながら行動する。／進んで自分の希望や意見を主張したり，一方で相手の意見を受け入れたりする。／冬の身近な自然に興味をもち，遊びに取り入れたり，春の訪れに気付いたりする。／生活や遊びの中で，文字や標識などに興味や関心をもち，遊びに取り入れたり，書いたり読んだりする。／友達との会話を楽しみ，自分の思いが伝わることの嬉しさを感じる。／自分や友達の表現したものを互いに聞かせ合ったり，見せ合ったりして楽しむ。／友達とイメージを共有し深め合いながら，言葉や体，音楽などのいろいろな方法で様々に表現することを楽しむ。／素材や用具を目的に合わせて選び，伸び伸びと表現するとともに友達の表現にも関心をもつ。／生活を共にしてきた友達や年下の子，身近な人々と心を通わせ，大きくなった喜びを味わい，感謝の気持ちをもつ。

表6－4 4月指導計画例（5歳児）

○○保育園　　5歳児　　ぞう組　　4月　　指導計画	
子どもの姿	○年長組になったことが嬉しく，生活の中でいろいろなことに張り切って取り組む姿が見られる。 ○自分たちが大きくなったことを自覚する姿があり，年下の子の片付けを手伝ってあげたり，生活の仕方を優しく教えてあげようとしたりするなど，年下の子の世話をしてあげようとする姿が見られる。 ○気の合う友達に自分の思いを表して，誘い合いながら，好きな遊びを一緒にする姿がある。
養護の内容	○気温の変化に応じて，窓の開閉を行い換気したりし，快適に過ごせるようにする。 ○一人一人の子どもの健康状態や生活リズムを把握し，適切に対応することで健康に過ごせるようにする。 ○新しい環境での緊張や不安な気持ちなどをありのままに受け止め，丁寧に接しながら安心して生活ができるようにしていく。

	内　　容	環境の構成
健康・人間関係・環境・言葉・表現	○体と食物の関係に関心をもちながら，友達と一緒に食事をすることを楽しむ。	○体と食物のつながりに関する絵本や紙芝居を用意したり，机の配置を工夫したりし，楽しい雰囲気の中で食事ができるようにする。
	○生活の流れが分かり，身の回りのことを自分からしようとする。	○身の回りのことがスムーズに行えるよう，生活の動線を考えて片付け場所の配置を工夫する。
	○気の合う友達と好きな遊びを楽しむ。	○好きな遊びを楽しむことができるように，時間を十分に取り，遊具や用具を遊び出しやすいように配置しておく。
	○戸外で思い切り体を動かして遊ぶ。	○他の年齢児と遊びが重なり，危険にならないよう他の保育者と連携を取り，時間や場所を確保するようにする。
	○年下の子どもに親しみをもち，世話をするなど進んで関わろうとする。	○行事や生活の中で，世話をしたり，一緒に遊んだりする機会をもつ。
	○春の自然や身近な動植物に親しみ，変化や成長に気付き，絵本や図鑑で調べたりする。	○虫かごや草花を入れる容器やビニール袋を用意しておく。また，手に取りやすい場所に図鑑や絵本，虫めがね等を用意しておく。
	○友達や保育者との会話を楽しんだり，自分の考えや思ったことを分かるように話したり，人の話を注意して聞こうとしたりする。	○一緒に会話が楽しめるようゆったりした雰囲気を作ったり，経験したことや思ったことを話したり，友達の話を聞いたりする時間をもつ。
	○絵本や童話に親しみ，イメージを膨らませながら聞く。	○季節に関するものや言葉の面白さが感じられる絵本や紙芝居を用意しておく。
	○友達と一緒に歌を歌ったり，リズムに合わせて体を動かしたりすることを楽しむ。	○季節に関するものやリズムのよい曲を用意したり，体操をしたりする機会を作っていく。「ちいさいくみさんこんにちは」「ミックスジュース」「アンパンマン体操」「動物体操」など
	○身近な素材や用具を使って，自由に描いたり作ったりする。	○自由に描いたり作ったりできるように身近な素材や用具を取り出しやすいように分けて用意しておく。また，はさみやのり，固形絵の具の扱いを確認する機会を作る。

6章　領域「健康」の指導計画　157

ねらい	○一人一人の子どもの気持ちや考えを受け止め，子どもとの信頼関係を築いていく。 ○新しい生活や環境に慣れ，進級した喜びを味わう。 ○新しい環境の中で興味をもった遊びを一人一人十分に楽しむ。 ○身近な春の自然，植物の変化や美しさを知って，興味をもつ。
行事	4日　入園式　　　13日　交通安全教室　　14日　避難訓練 　15日　身体測定　　17日　歓迎会　　　　21日　防犯訓練 　22日　誕生会　　　28日　保育参観

予想される活動	援助活動と配慮	家庭との連携・支援
○友達と喜んで食事をする。 ○身の回りのことを進んでしようとする。 ○気の合う友達と一緒に好きな遊びを見つけて遊ぶ。 ○保育者や友達と一緒に体を動かして遊ぶ。（ドッジボール，どろけい，リレーなど） ○年下の子の世話をしてあげたり，一緒に遊んであげたりする。 ○園庭の花や野菜の水遣りや虫探しをしたり，図鑑で調べたりする。 ○保育者や友達と会話をしたり，生活で必要な挨拶や返事，要求などを言葉で伝える。 ○絵本や紙芝居を見たり聞いたりする。 ○友達と一緒に歌ったり，リズムに合わせて体を動かしたり，楽器を鳴らしたりする。 ○身近な素材や用具を使って描いたり，作ったりする。	○一人一人の食べられる量や偏食，ペースなどを把握しながら，保育者も一緒に食べながら楽しさが感じられるようにしていく。 ○一人一人の生活の仕方を見守りながら，必要に応じて言葉をかけたり，手助けをしたりし，身に付くようにしていく。 ○遊びの様子を見守りながら，トラブルが起きた時は必要に応じて一緒に考えたり，助言したりする。 ○保育者も一緒になって遊びながら，遊びのルールや楽しさを知らせ，存分に遊ぶ満足感に共感していく。 ○年下の子に優しくしようとする思いを褒めたり，認めたりしながら，年長児になった喜びを感じると共に年下の子への親しみがもてるようにしていく。 ○保育者も一緒に世話をしながら，収穫したり，草花が生長したりする喜びが感じられるようにする。子どもの発見や疑問に共感し，一緒に考えたり，調べたりすることで，興味や関心が深まるようにする。 ○ゆったりした気持ちで子どもの話を聞き，話すことの楽しさが味わえるようにしていく。また，友達の話を聞くことの大切さについても知らせていく。 ○子どもたちの反応を受け止めながら，興味をもって聞けるように読み方を工夫する。 　保育者も一緒に歌ったり，踊ったりしながら楽しさを共有していく。 ○楽器を演奏する面白さや音色の美しさに共感し，興味がさらにもてるようにしていく。 ○自分のイメージしたものを描いたり，作ったりできるように必要に応じて材料を補ったり，助言や手助けをしたりする。また，必要に応じて，用具の扱い方を知らせ，身に付くようにしていく。	○降園時などに子どもの様子を丁寧に伝えたり，保護者の思いを受け止めたりしながら，信頼関係を築いていく。 ○年長児になり，張り切っている様子や積極的に手伝いや世話をしたりする姿を具体的に伝え，成長したことを共に喜び合っていく。 評価・反省

短期の指導計画は，それまでの保育を振り返り，一人一人の子どもの姿や子どもを取り巻く状況などを記録し，教育課程・全体的な計画や長期の指導計画と照らし合わせていくことで見えてきた子どもたちへの願いや必要な経験を具体化したものである。

以下に週の指導計画（週案）の作成を例に説明していく。

a　具体的なねらいと内容の設定

週案や日案での具体的なねらいや内容の設定にあたっては，まず，それまでの子どもの姿を捉えることが必要である。子どもの姿を捉える視点として，子どもの興味や関心，生活や遊び・活動への取り組み方，保育者や友達との人間関係，自然や季節の変化，またはそれに対する関わり方などが考えられる。そして，これらの視点における子どもの姿の変化を捉えることで，子どもの成長・発達の方向性が見えてくる。つまり，子どもの姿の変化に着目することで，子どもの成長の方向性を捉えることができ，具体的なねらいと内容を設定することができるのである。短期的な計画である週案や日案は，長期的な計画や園全体の目標や方針を示した教育課程・全体的な計画を具体化するものであるため，設定したねらいや内容は，同じ方向性であるか，整合性は取れているかを確認することを忘れてはならない。

短期の指導計画が，長期の指導計画と関連を保ちながら作成されていることが分かるように，ある保育所の5歳児の11月の指導計画と11月第2週の指導計画を示す（**表6−5**〈160-161頁〉，**表6−6**〈162-163頁〉）。

この週は，作品展を見通して，遠足の経験から子どもたちが動物園作りの遊びをする活動とドッジボールやどろけいなどの集団遊びを子どもたちが意見を出し合いながら遊ぶことを予想して作成されている。

保育の計画で示されるねらいは，子どもが様々な体験を積み重ねる中で，領域が相互に関連をもちながら次第に達成に向かうものであるため，領域ごとに示されるものではない。

長期の指導計画と短期の指導計画のねらいの関連性については次のようになる。

表6−3に示した年間指導計画の第3期のねらいである「戸外で体を十分に動かし，友達と一緒に役割やルールを決め，遊びを進める楽しさを味わう」「共通の目的をもち，友達と意見を出し合いながら，協力したり，工夫したりして遊ぶことを楽しむ」「自分たちで考えたことを遊びの中に取り入れ，表現する楽しさを味わう」をもとにして，11月の指導計画のねらいである「友達と一緒に遊ぶ中でルールを決めたり，話し合ったりしながら遊びを進めていく楽しさを味わう」「遊びの中で，考えやイメージを出し合い，共通の目的をもって工夫しながら遊ぶ」が設定されている。さらに11月の第2週の計画では，これらとの関連を保ちながら，子どもの姿の実態から，「自分たちで意見を出し合って遊びを進めながら，いろいろな友達と一緒に遊ぶことを楽しむ」「友達とイメージを広げながら，身近な素材や用具を使って，工夫して作ることを楽しむ」の2点を具体的なねらいとして設定しているのである。

　長期の指導計画と関連を保ち，子どもの成長・発達の見通しをもつとともに，それまでの保育のねらいが達成されていたか，足りない経験がないかなど日々の保育実践の記録を振り返ることで，次のねらいや願いを見出すことができるのである。

　このように，それぞれの時期に育って欲しい姿や育みたい資質・能力の観点から「ねらい」が設定され，その為にはどのような活動を通して，子どもたちが何を経験していくかという「内容」が設定されるのである。

3節　環境の構成および援助のポイント

1　環境の構成

　保育者は指導計画に基づいて，子どもたちが自発的に遊びだすことができるように環境を構成する。子どもたちが自発的に遊ぶためには，園内環境を見直し，遊具や用具の配置を変えたり，園内にある自然環境を整備したりすることも大切である。

表6−5　○○保育所における11月指導計画例（5歳児）

	5歳児　　ぞう組　　11月　　　指導計画	
子どもの姿	○身の回りのことなど，自分たちなりに見通しをもって生活する姿が増え，1日の生活の流れを保育者や友達と確認しようとする姿がある。 ○友達との仲間意識が深まり，遊びを自分たちで進めようとする姿がある。トラブルが起きた時は，自分たちで意見を言い合って，解決しようとする姿も見られる。 ○作って遊ぶことへの興味が深まり，遊びに必要なものを自分たちで考えて作って遊ぶことを楽しんでいる。	
養護の内容	○気温差や活動に応じて，衣服の調節をしたり，薄着の習慣が身に付くようにしたりする。 ○寒さに向けての健康的な生活について話し合ったり，風邪予防のために手洗い，うがいを励行したりする。 ○一人一人の発想や葛藤を受容し，安心して自分の思いを表すことができるようにする。 ○友達と遊びを進めていく中での不安や葛藤を受け止め，一人一人が自己発揮できるようにする。	

	内　　　容	環境の構成
健康・人間関係・環境・言葉・表現	○自分の身体や病気について関心をもち，必要な生活習慣を身に付ける。	○手洗い，うがいの大切さと健康との関係を話し合う場を設けたり，風邪予防に関する絵本等を用意したりする。
	○友達と一緒にルールを考えたり，確認したりしながら積極的に体を動かして遊ぶ。	○走る，跳ぶ，投げるなどの運動遊びができるように場所や遊具を準備し，十分な時間をもつ。
	○友達と考えを出し合いながら，イメージを共有し協力して遊ぶ。	○自分たちで考えを出し合いながら遊びを進めていけるように十分な時間を確保し，イメージが共有できるようみんなで確認する場をもつ。
	○身近で働く人と自分とのつながりに興味をもったり，感謝の気持ちをもったりする。	○仕事に関する絵本や図鑑を用意したり，身近で働く人について話し合う機会をもったりする。
	○自分の思いを相手に伝えたり，相手の思いや気持ちを受け入れたりする。	○自分の思いを伝えたり，相手の思いを受け入れたりできるよう，友達と関わりあって遊ぶ時間を十分にもつようにする。
	○秋の空の美しさや風の冷たさなどに気付き，不思議さや季節の変化を感じる。	○秋の自然が感じられるよう戸外で遊ぶ機会を多くもち，空の美しさや風の冷たさをゆっくり見たり感じたりする場をもつ。
	○秋の自然に十分に触れながら，木の実や葉の大きさ，色，形，数などに関心をもち，それらを取り入れながら遊ぶ。	○秋の自然が感じられるよう落ち葉や木の実などを子どもが気付きやすい場所に置いたり，飾ったりする。
	○経験したり，感じたり，考えたりしたことを言葉で表現する。	○感じたことや考えたことをみんなで話し合う場をもち，自分の思いを表しやすい雰囲気を作る。
	○絵本や童話のストーリーを想像しながら，聞くことや読むことを楽しむ。	○子どもたちが興味をもつような絵本や童話を用意する。（「ロボット・カミィ」「エルマーのぼうけん」，民話集など）
	○歌ったり，役割を分担したりしながら，楽器を演奏したりする。	○楽器を楽しく演奏できるように正しい指使いや楽譜を明記したものを用意したり，様々な楽器に触れて遊ぶよう用意したりする。
	○様々な素材に触れながら，それらの特長を知り，工夫して作る。	○子どもたちのイメージを表現できるように素材や材料を十分に用意したり，作りやすいように広い場所を確保したりする。（ダンボール，空き箱などの廃材，色画用紙，折り紙，ビニール袋，布，ボンド，セロハンテープ，クラフトテープなど）

6章 領域「健康」の指導計画 161

ねらい	○気温の変化や活動に応じて，快適な環境を作り，健康で安全な生活ができるようにする。 ○友達と一緒に遊ぶ中でルールを決めたり，話し合ったりしながら遊びを進めていく楽しさを味わう。 ○遊びの中で，考えやイメージを出し合い，共通の目的をもって工夫しながら遊ぶ。 ○秋の自然を感じながら遊びに取り入れ，興味や関心を深める。		
行事	2日 消防訓練　　　4日 交通安全指導　　10日 身体測定 13日・14日 作品展　　17日 サッカー教室　　18日 防犯訓練 20日 勤労感謝会　　24日 懇談会　　25日 誕生会		

予想される活動	援助活動と配慮	家庭との連携・支援
○衣服の調節をしたり，手洗い，うがいを進んでしたりする。	○一人一人の生活の様子を把握し，身に付いていないところは丁寧に関わり，進んでしようとする時にはしっかりと認めていく。	○気温の変化で体調を崩したり，感染症などが流行したりする時期なので，家庭でも手洗い，うがいの励行を呼びかけ，気をつけてもらう。
○友達と一緒に走ったり，ルールを守って遊んだりする。（ドッジボール，氷鬼，どろけいなど）	○保育者も遊びに参加しながら，体を動かして遊ぶことの楽しさに共感したり，必要に応じて，ルールの確認をしたり，遊びが発展するように，新しいルールを一緒に考えたりする。	
○友達と共通の目的をもって，友達と話し合いながら遊びを進める。	○自分たちで工夫している様子や話し合って進めている様子を認めたり，必要に応じて援助したりして，友達と一緒に協力する楽しさや満足感が味わえるようにする。	○作品展を通して，子どものがんばりや成長したことを知らせ，共に喜び合っていく。
○身近で働いている人について話し合ったり，感謝の気持ちからプレゼントを作ったりする。	○身近で働く人についてみんなで話し合う中で，自分の生活と大切な関わりがあることに気付き，感謝の気持ちがもてるようにする。	○懇談会を通して，日頃の子どもの姿について話し合い，就学に対する保護者の気持ちを受け止め，保育に活かしていく。
○自分の思いや考えを伝えたり，友達の話にも興味をもって聞こうとする。	○友達の考えを聞くことの大切さに気付き，互いに思いや考えを伝え合う楽しさが感じられるようにする。	
○戸外に出て，空の美しさや風の冷たさなど秋の自然を感じる。	○季節の移り変わる様子や自然の美しさ，不思議さを子どもと一緒に味わいながら，冬の訪れにも関心がもてるようにする。	
○自然物に触れ，自然物を分類したり，数えたり，遊びに取り入れたりする。	○自然に触れる中で，発見したり，試したり，比べたりする気持ちに寄り添い，探究心がもてるようにする。	
○経験したり，感じたり，考えたりしたことをみんなで話し合う。	○子ども同士のやりとりを見守り，必要に応じて言葉を添え，言葉を交わす楽しさが感じられるようにする。	評価・反省
○絵本や童話を聞いたり読んだりし，内容や言葉の面白さを感じ，イメージを広げる。	○話を読み聞かせる時には静かな雰囲気の中で，話の内容が十分に伝わるように配慮し，その余韻も大切にしていく。	
○友達と一緒に歌ったり，楽器を演奏したりする。	○みんなでリズムに合わせて歌ったり，楽器を演奏したりする楽しさを共有できるようにしていく。	
○自分なりのイメージを膨らませ，好きな動物を作ったり，みんなで動物園を作ったりする。	○子どもの発想やこだわっていることを大切にしながら，イメージを実現できるような方法や材料に気付かせ，満足感や充実感が感じられるようにする。	

表6－6 11月第2週指導計画例（5歳児）

5歳児　　ぞう組　　11月第2週　　指導計画			

<table>
<tr>
<td rowspan="1">子どもの姿</td>
<td colspan="3">
○友達を誘って，氷鬼やドッジボール，靴取りなどの遊びをする姿があり，その中で，鬼やチームなどを自分たちで意見を出し合って決めるなど自分たちで遊びを進めようとする姿が見られる。
○氷鬼や靴取りをする中で，遊びが面白くなるように自分たちで新しいルールを作ったりして遊ぼうとする姿が見られるようになってきている。
○ハロウィンの仮装ごっこをして遊んだことから，遊びが盛り上がっており，服や帽子など自分なりのイメージをもって，紙袋やビニール袋，折り紙や画用紙などの素材を作りたいものに合わせて選び，工夫して作って遊ぶ姿が見られる。
○遠足で動物園に行ったことから，動物への興味が深まり，空き箱などの廃材を使って，好きな動物を作ろうとする姿が見られるようになってきている。
</td>
</tr>
<tr>
<td rowspan="3">健康・人間関係・環境・言葉・表現</td>
<td>内　容</td>
<td>環境の構成</td>
<td>予想される活動</td>
</tr>
<tr>
<td>○友達と意見を出し合い，新しくルールを作るなどして，友達と一緒に遊びを進め，いろいろな集団遊びをする。</td>
<td>○子どもがやりたい遊びができるように様子に合わせて，ラインを引いたり，場所を確保したりする。
○いろいろな友達と一緒に遊ぶことができるよう保育者も遊びながら，他の友達へ積極的に誘いかける。</td>
<td>○いろいろな集団遊びをする。（ドッジボール，靴取り，どろけい，氷鬼など）
○鬼やチームを自分たちの方法で決めたり，自分たちでルールを作ったりして，遊びを進めようとする。</td>
</tr>
<tr>
<td>○クラスの友達や保育者と動物園のイメージを広げ，力を合わせたり，分担したりして，動物園作りをする。</td>
<td>○廃材を取り出しやすいように種類に応じて分類し，廊下に置いておく。
○子どもの姿や要求に応じて，素材を用意したり，追加したりする。
○素材に応じて接着できるようにボンドやクラフトテープ，セロテープを用意しておく。
○作りたい動物のイメージが具体的にもてるように動物に関する絵本や図鑑，写真を用意し，いつでも見られるようにしておく。
○広く場所を使って作ることができるように机の配置を変える。
○動物園を作るためには何が必要かをクラスのみんなで話し合う機会を作る。
○どこにどんな動物を配置するのかなど話し合ったことを書けるように模造紙を用意しておく。</td>
<td>○自分のイメージに合わせて，素材の中から使うものを探して作る。
○素材に応じて，ボンドやセロテープを使い，接着する。
○絵本や図鑑を見ながら，イメージを膨らませ，好きな動物を作る。
○作ったものを友達と見せ合ったり，友達の良い所を取り入れたりする。
○動物園を作るために何が必要かなどを話し合う。
○話し合ったことを模造紙に書く。</td>
</tr>
<tr>
<td>評価・反省</td>
<td colspan="3"></td>
</tr>
</table>

ねらい（養護・教育）	○朝夕と日中との気温差に留意しながら，衣服の調節やうがい，手洗いを促し健康に過ごせるようにする。 ○一人一人の思いを受け止めながら，友達との関わりの中で自分の思いを調整していけるようにする。 ○自分たちで意見を出し合って遊びを進めながら，いろいろな友達と一緒に遊ぶことを楽しむ。 ○友達とイメージを広げながら，身近な素材や用具を使って，工夫して作ることを楽しむ。	家庭との連携・支援	○朝晩と日中との気温差などから体調を崩しやすいので，手洗い，うがいを家庭でも励行してもらう。 ○作品展への活動を通して，子どもたちの作っている様子や作った思いを知らせながら，一人一人の成長を具体的に知らせ，その成長を共に喜び合っていく。
養護の内容	○朝晩と日中との気温差が大きくなってきたので，気温や活動内容に応じて，窓の開閉をしたり，適切に衣服の調節ができるようにしたりしていく。 ○気温が低くなってきたことから，体調がすぐれない姿があるので，一人一人の体調の把握に努めていく。 ○集団で活動する中で生じる葛藤などの思いを温かく受け止め，意欲的に過ごすことができるようにする。	行事	9日（月）身体測定

援助活動と配慮	日	活動の記録	評価・反省
○保育者も一緒になって伸び伸びと身体を動かして遊び，身体を動かして遊ぶ心地よさや面白さに共感していく。 ○自分たちで遊びを進めようとする姿を見守りながら，強く思いが出せる子の意見だけで遊びが進まないように，遊んでいるみんなの思いに気付けるように声をかけたり，どうするとよいか話し合うきっかけを作ったりする。	9日（月）		
○子ども同士でルールを考えたり決めたりしている時は見守ったり，遊んでいる友達が共通に理解できるように必要に応じて確認したりする。	10日（火）		
○作りたいイメージを受け止め，必要に応じて作り方や接着の仕方などを知らせ，自分のイメージしたものが形になる面白さや楽しさが感じられるようにする。	11日（水）		
○自分でイメージを広げて作ろうとする姿を大切にし，さらにイメージが膨らむように声をかけ，作り上げていく面白さが感じられるようにしていく。 ○接着ができず，困っている時には，方法を具体的に知らせたり，手助けしたりしていく。	12日（木）		
○子どもたちなりの発想やアイデアを大いに認めたり褒めたりし，友達と一緒に力を合わせて作っていく面白さが感じられるようにする。 ○自分の意見を調整し折り合いをつけようとする姿を認め，みんなで考えた，決めたという実感がもてるようにする。	13日（金）		
○子どもたちが話し合ったことを大切にし，みんなで意見を出し合って活動を進めていく面白さが味わえるようにする。	14日（土）		
	所見		

164

幼稚園教育要領では，幼児の自発的な活動としての遊びは，心身の調和のとれた発達の基礎を培う重要な学習であると示されており，さらに，幼児の主体的な活動が確保されるよう幼児一人一人の行動の理解と予想に基づき，計画的に環境を構成しなければならないと示されている。保育所保育指針においても，環境について，子どもが自発的・意欲的に関われるような環境を構成し，子どもの主体的な活動や子ども相互の関わりを大切にすることと示されている。

このように，子どもの自発的な遊びを保障するためには環境の構成が重要である。子どもの興味や関心は，遊びや生活の中で日々，変化していくものである。保育者には，その日々変化していく子どもの興味や関心を捉え，常に環境の構成と再構成が求められる。

環境を構成する際，子ども自らが積極的にものや周囲の人，自然環境や社会事象に関わることを通して発達が促されることを踏まえ，子どもたちが多様な経験を主体的に重ねられるよう，計画的かつ意図的に環境を構成していくようにしたい。

2 保育の展開と保育者の役割

実際の保育は，週の指導計画や日の指導計画に基づいて展開される。週や日の指導計画は，それまでの子どもの姿の実態を捉え，子どもの遊びや活動，一人一人の行動を予測し，環境の構成や援助について考えるものである。しかし，子どもの生活や遊びは変化に富んでおり，子どもの姿の実態を捉えていても，計画上，予測しなかった子どもの姿が見られることがある。

保育者は，保育所保育指針等に示されているように，子どもの実態や子どもを取り巻く状況の変化に応じて，保育の内容を見直し，改善していくことが大切である。保育において，子どもの遊びや活動を指導計画に合わせて展開するのではなく，子どもの実態に応じて，柔軟に対応していくことが必要である。

表6-6〈162-163頁〉の指導計画は，遠足で動物園に行った経験や子どもが空き箱等を使い，作って遊ぶ姿から，動物園作りに発展していくことを予想している。しかし，動物園に行くまでのお店やビルなど街の様子に興味をもち，

自分たちの町を作ることに興味や関心が向くことがあるかもしれない。そのような時には，子どもの実態の変化を捉え，環境の構成や保育者の関わりを柔軟に変化させ，活動を変更していくことが必要なのである。

このように保育者には，子どもの実態に応じた柔軟な対応が求められる。このような対応ができるのは，子どもの活動を見守ったり，一緒に遊んだりしていく中で，子ども一人一人に対して，どのような経験が必要か，そのためには，どのような援助が必要かを常に考えているからである。また，子どもの実態を捉えた指導計画を作成していることで，予想できなかったことに対しても，落ち着いて判断し，環境の再構成の仕方や関わり方の手立てを見出すことができる。指導計画を踏まえているからこそ，適切に対応することができるのである。

3　評価・反省と指導計画の改善

指導計画に基づいた保育実践の後には，保育を振り返り，評価することが大切である。保育の評価には2つの視点がある。1つは，指導の過程や子どもとの関わりを振り返り，保育実践の改善につなげるものであり，もう1つは，子ども一人一人のよさや可能性，育ちを評価する子ども理解である。つまり，保育者の視点と子どもの視点の両視点から，評価が行われているのである。

指導の過程の評価では，保育の計画と記録から，自分の保育実践を振り返る。まず，設定したねらいや内容は子どもの実態に則していたか，ズレはなかったかを考える。また，子どもが興味や関心をもち，主体的に関わることのできる環境の構成はできていたか，保育者の援助は子どもの気持ちを捉えたものであったかなど，実際の保育を振り返って考えることも大切である。

子ども理解の評価においては，保育実践の中での子どもの行動や関わりを丁寧に振り返り，その行動や関わりの意味を捉えることが大切である。

このように，保育を振り返り，子どもの姿の意味を捉えることで，学びや育ちの可能性を探り，一人一人にとって必要な経験を見つけることができる。それに基づき，自らの計画を修正し，実践へつなげていく循環のプロセスが大切で

ある。

　子ども理解に基づいた評価について，幼稚園教育要領および幼保連携型認定こども園教育・保育要領では，評価の妥当性や信頼性が高められるような創意工夫を行うことと示されている。子ども理解に基づいた評価を行う際に必要なのは記録である。これまで，保育者は主観的な読み取りによる記録から評価を行うことが多かった。主観的な読み取りによる記録は保育者の一方的な思いに左右されるところがある。より妥当性，信頼性の高い評価とするため，ドキュメンテーションを記録の方法として取り入れている園が増えている。これは，保育中に子どもの活動やその中の姿を写真やビデオ，筆記などを用いて記録するものである。また，その他にポートフォリオやラーニングストーリーといった記録の方法も注目されている。保育を振り返る方法も，新たな知見を取り入れて，常に改善につなげていくことが望まれているのである。

参考文献

小笠原 圭・牧 信子・田辺 光子　保育の計画と方法 (保育・教育ネオシリーズ)
　同文書院　2009

汐見稔幸　イラストたっぷり やさしく読み解く 保育所保育指針ハンドブック
　学研プラス　2017

松村和子・近藤 幹生・椛島香代　教育課程・保育課程を学ぶ 子どもの幸せをめ
　ざす保育実践のために　ななみ書房　2012

無藤 隆　イラストたっぷり やさしく読み解く 幼保連携型認定こども園教育・
　保育要領ハンドブック　学研プラス　2017

無藤 隆・汐見稔幸・砂上史子　ここがポイント！　3法令ガイドブック――
　新しい『幼稚園教育要領』『保育所保育指針』『幼保連携型認定こども園教
　育・保育要領』の理解のために　フレーベル館　2017

無藤 隆　イラストたっぷり やさしく読み解く　幼稚園教育要領ハンドブック
　学研プラス　2017

7章
園行事と健康

1節　行事の意義

1　園における年間行事

　園では，1年間に様々な園行事が行われている。園行事は，子どもたちの生活に変化や潤いを与え，子どもたちが楽しみにしている活動である。園行事には，子どもの日や七夕といった伝統的な年中行事，夏祭りや秋祭りといった郷土の祭りに触れ地域の文化や歴史を感じられるものもある。また，子どもの誕生や成長を祝う誕生日会，虫歯予防や交通安全といった生活習慣・保健衛生や交通ルール，地震や火災の避難の仕方を知り自分の身を危険から守る術を身に付ける機会となるものもある。また，保育参観や運動会・生活発表会といった保護者に日常の保育の様子や子どもたちの成長の姿を参観してもらうものなど行事は様々な意味合いをもっている。園行事は，いつもとは違う「非日常」の特別な日であり，特別な体験を通して普段の保育では得ることができない成長をもたらす。時には，このような行事に向けての取り組みが中心となり，子どもたちに負担をかけたり，見せることが目的になってしまい本来の行事のもつ意味合いからそれてしまっているとの指摘もあり，行事の在り方を見直す園もある。各園では，行事の教育的価値を十分検討し，子どもたちの負担にならないよう子どもが主体的に楽しく活動できるようにすることが求められている。年間計画とともに，子どもたちの実態を踏まえながら行事を計画し，保育者主導ではなく，子どもたちが考えを出し合ったり協力して，行事まで見通しをもって活動への期待や意欲を高めていけるよう適切な援助をしていくことが大切である。

2　園外保育や運動会の意義について

　ここでは，領域「健康」に関連する園行事の園外保育や運動会を取り上げ，それらの行事の意義について考えてみたい。子どもの体力や運動能力の低下が指摘され，生活環境の変化や車などを使用する機会が増えて歩く経験が少ない子どもも増えている今，多様な動作を行ったり身体を動かしたりすることが中心となる園外保育（散歩，遠足など）や運動会のような行事を行う意義は大きい。

　園外保育には，日常の保育の中で園の近隣を歩いたり公園などの目的地まで歩いて行く「散歩」と，園近隣の散歩より遠いところまで徒歩や公共交通機関や観光バス・園バスなどを使用して行く「遠足」の2つのタイプがある。いずれも園外での活動ということで園内とは異なる環境の中で，自然に触れたり，いつもとは違った遊具で遊んだり，走り回ったり，探索したり，弁当を食べたりと戸外での活動に開放感を感じることができる。また，目的地まで交通ルールに気を付けて歩くという経験だけでなく，友達と一緒に歩くことで道の草花や虫を発見する楽しさもある。園外保育には子どもたちが新たな発見をしたり園内ではできない身体を使ったダイナミックな体験も可能である。

　運動会では，日頃の遊びや活動を積み重ねた競技や演技を行う園が多いだろう。運動会に向けて1ヵ月ほど前から様々な準備や活動を行う園が多いだろう。保護者に向けて日々の保育で取り組んできたことを伝達する機会として，各年齢ごとに子どもの発達の姿に応じた身体的活動や運動を取り入れ，プログラムを考えていくことが大切である。5歳児になると競争の勝敗に一喜一憂し，「どうしたら勝てるか？」をクラスで考えたり，一人一人が目標をもって自分自身の課題に挑戦することもある。クラスみんなで一つの目的に向けて活動に取り組む姿勢や一人一人が運動会まで取り組んできた過程を大切にしたい。また，保護者も一緒に参加したり，地域に向けたポスターを貼りだしたりして参加を呼びかけ，子ども・保護者・保育者・園・地域が一体となって運動会をつくっていくことも可能であろう。運動会に向けての活動が過密なスケジュールとなり，子どもたちの負担にならないよう配慮することが必要である。

2節 園外保育（散歩，遠足）

1 園外保育の在り方

　園外保育とは，園外で行われる保育活動である。普段の保育の一環として行われている園近隣への「散歩」や動物園や水族館への「遠足」，キャンプやお泊り保育といった「宿泊保育」など様々な園外保育が行われている。これらの園外保育は，園の全体的な計画にも位置づけられそれぞれの行事に保育のねらいや活動内容が設定されている。

　子どもたちは園外保育での多様な活動内容を通して四季折々の自然の美しさや不思議さを感じたり，園外での異なる環境で身体を動かして遊んだ体験を園に戻ってから遊びに取り入れたりするなど，その後の園での活動にも広がりが見られる。時には園内だけの活動にとどまらず，園外保育のような子どもの日常の生活や遊びがより豊かに広がっていく活動が重要となる。

　また，園外に出ることで社会と触れる機会にもなり，子どもは地域や公共の施設など社会とのつながりを意識できるようになる。園外保育は，園と地域の接点となり地域に保育の様子を発信することにもつながる。散歩の途中で地域の方に挨拶をしたり，畑で作業する方に栽培作物を見せていただいたりと様々な人との交流も生まれる。地域の方との触れ合いや交流も子どもたちにとって良い機会となる。

　このように園外保育は，日々の保育に彩りを与え，園生活が豊かになる行事である。子どもたちの発達を踏まえ，日常の保育の流れの中で子どもたちに体験してほしいことは何かを検討し，突発的に行うのではなく指導計画に位置づけ，日常の保育との関連性も考えて計画し実施したい。

2 園外保育と子どもの「健康」

　園外保育の目的と内容は，多岐にわたる。領域「健康」の視点から，園外保育ではどのようなことに配慮して指導計画を考えていくことが望ましいだろう

か。園外保育の指導計画立案のために配慮すべき点について考えてみたい。

(1) 子どもの心身の発達を十分配慮したうえで，計画を立案する

具体的な子どもの様子や体力や運動能力に応じて，経験してほしいことや活動内容を考えて計画を立てることが重要である。子どもたちの年齢によって経験できることも変わっていく。乳児クラスは，日常の散歩を通して自然を見たり発見をして楽しむことができる。幼児は，目的地までの行程だけではなく現地で園にはない自然と触れ合ったり，いつもと違う環境で園でも楽しんでいる遊びも楽しめる。年長になると，事前にみんなで相談して活動内容やスケジュールを決めたり，計画を立てることもできる。

(2) 園外保育のねらいを明確にし，活動内容と対応させる

園外保育は年間指導計画に位置づけられ，日常の保育と同様に園外保育のねらいや活動内容が設定されており，それらが対応していることが重要である。日常の保育との関連も考慮し，日常の保育では体験できないようなワクワクとした期待感をもち，子どもに何を経験してほしいか保育者が明確なねらいを設定して計画することで経験がより一層効果的なものになる。

(3) 園外保育を実施する季節，天候，時間を十分に配慮する

四季折々の自然には旬がある。そのタイミングを逃さず園外保育の活動内容にふさわしい季節や時間帯を考慮して計画することが大切である。気候のよい春や秋は園外保育にとって最適な季節であり，子どもが歩く楽しさを感じ，いつもと違う環境で戸外で伸び伸びと過ごす心地よさや身体を動かして遊ぶ楽しさを味わえるようにすることは健康な心と身体を育てていくうえで意味のあることである。また，雨天時には，延期をするのか行き先を変更して実施するのか対応策を考えておく必要がある。子どもたちが当日を楽しみに待っていた気持ちに応えられるようにしたい。

(4) 子どもの安全を確保する

園外では，園内とは異なる危険が伴うことも注意しなくてはならない。そのため，どのようにしたら安全が確保できるか子どもたちの行動を予測しながら下見を行うことが大切である。

① 下見のポイント

子どもの歩くルートを実際に歩いて確認したり目的地の現状を把握する。交通量や工事中の箇所，危険な場所がないかをチェックしたり，遊具の配置・目印となる場所や日影があるか，また雨宿りや休憩できる場所があるかも確認する。トイレの場所や和式洋式の数・トイレットペーパーの有無・明るさなども把握しておくとよい。

② 交通ルールや約束事

自動車・自転車や歩行者にも注意し，保育者の歩く位置にも配慮し周囲の状況を把握しながら，行き帰りの安全にも注意したい。普段から交通安全をテーマにした紙芝居などで交通ルールを知る機会を作っていく。子どもたちが実際に園外の公道を歩くことで，体験しながら交通ルールを身に付けていけるようにし，自らが交通ルールを守ったり判断できるよう援助していく。また，公共施設を使用する際には，公共のマナーや園で決めた約束事を守って行動できるようにしたい。

3 園外保育の指導計画と実践

〈事例1：園外保育の計画〉

園では，近隣での園外保育や少し遠い場所への園外保育など様々な園外保育が計画されている。ここでは，園外保育の計画例を紹介する（**表7−1**）。

表7−1 園外保育の目的地別の内容・目的

目的地の例	内容・目的
近隣への散歩	公園での遊具等で遊んだり，いつもと違う環境で遊ぶ。自然観察・季節の変化を感じる。道路標識を知ったり，交通ルールを守って歩く。
遠足・親子遠足	子どもと保育者（共通の体験を通して友達との関わりやクラスの交流を深める） 保護者同行（親子で楽しさを共有したり，保護者同士の親睦を深める）
動物園・消防署・プラネタリウム	実際に見て楽しんだり，深く知ることで知的欲求を満たす。公共施設を見学し，社会とのつながりを感じる。
芋ほり・果物狩り	収穫する喜びや感動を味わう。
お別れ遠足	進級や卒園を迎え自分自身の成長を感じたり，異年齢と交流を深める。

〈事例2：5歳児「緑地公園」11月〉

〈当日までの保育〉緑地公園の地図を見て，どのルートで公園内を回るかクラスで話し合う。どんな落ち葉やどんぐりが拾えるかを図鑑を見ながら，遠足への期待を高める。

〈ねらい〉

・落ち葉やどんぐり等を拾って，様々な発見を楽しんだり，秋の自然に親しむ。

・友達と一緒に季節の移り変わりを感じながら，公園内の起伏ある道を安全に気を付けて歩く。

〈当日の流れ〉（表7－2）

〈事後の保育〉拾ってきた落ち葉やどんぐりなどの色・大きさ・形を比べたり，図鑑で名前や種類を調べる。遠足での体験を振り返り，話したり絵を描いたり，拾ってきた落ち葉やどんぐりをクリスマスリースの飾りにしたり，お店屋さんごっこの素材に使うなど製作活動につなげていく。

4　園外保育と事前，事後の保育

　園外保育を実施するには，園外保育の事前・事後の保育の展開も大切にしたい。事前の保育では，しおりを作ったり目的地までの道のりや目的地での活動内容を話し合い，何をして遊ぶかなど子どもたちが期待感を高めていけるよう，盛り上げていく。現地での約束事なども確認しておくとよい。園外保育へ楽しみな気持ちで積極的に参加することでより充実した経験となる。

　事後の保育では，園外保育を振り返る機会をつくり，体験したことや印象に残っていることを話したり，発見したものを図鑑などで確認できるようにしたり，思い出を表現できる環境を用意したい。園外保育での子どもの経験を事後の保育に取り入れることで，子どもの活動が豊かなものになっていく。また，保護者にむけての手紙や掲示物で園外保育の様子を保護者に伝えるとよい。子どもの会話を入れて園外保育ならではの雰囲気が伝わるようなエピソードを紹介することで，家庭で子どもたちが園外保育の様子を話すきっかけとなるだろう。

7章　園行事と健康　　173

表7−2　当日の流れ

時間	活動の内容・子どもの活動	保育者の援助, 指導, 留意点	安全に関する配慮事項
9:00	○登園する。 ・トイレを済ませる。 ・保育者の話を聞く（一日の流れ・約束事を確認する）。	・視診を行い, 健康状態を把握する。 ・遠足への期待を高めていけるように話し, 子どもが楽しみにしてきた思いを受け止める。	・着替えや救急セット, トイレットペーパーなどを用意しておく。 ・事前に下見をし, 危険な場所や危険物がないか確認しておく。到着した際にも, 安全を確認する。
9:30	○緑地公園へ出発する。 ・園バスで移動する。	・人数を確認し, 園長先生に報告する。	
10:00	○緑地公園に到着する。 ・クラスごとに並ぶ。 ・芝生広場まで歩く。 ・荷物をクラスごとに置く。	・体調確認, 水分補給をする。 ・荷物は, 日陰に置く。	・公衆トイレの室内が暗いため子どもが怖がらないよう配慮する。大人用洋式便器が2か所しかないため, 人数を調節する。保育者で分担して援助する。
10:30	○遊歩道を散策する。 ・散策の際の約束を確認する。 ・クラスごとに話し合って決めたルートで散策する。 ・落ち葉やどんぐりを拾う。 ・木々の様子や虫などの発見を保育者や友達に伝える。	・遊歩道の木々の変化や落ち葉の色や形に気付けるよう問いかける。 ・子どもの発見や言葉を他の子どもたちにも伝え, 不思議さや発見する楽しさを味わえるようにしていく。	・ハチなど虫に注意する。 ・森の中を歩く際には, 遊歩道以外のわき道にむやみに入らないように見守り, 危険のある場合は声をかける。
11:30	○弁当を食べる。 ・トイレを済ませる。 ・クラスごとにシートを敷いて弁当を食べる。	・クラスのみんなが顔を合わせられるように座り, 戸外で弁当を食べる心地よさを感じられるようにしたり, 弁当を作ってくれた保護者の方へ感謝の気持ちがもてるようにする。	
12:15	○好きな遊びをする。 ・児童遊園の遊具で遊ぶ。 ・バナナ鬼をする。	・保育者も全体を見守りながらも遊びに参加し, 友達と一緒に遊ぶ楽しさを共有したり, 身体を動かして遊ぶ爽快感が感じられるように気持ちを伝える。	・一人一人の様子を見守り, 定期的に人数確認をする。 ・保育者は分散し, 全体の様子を把握し, 危険な遊び方をしていないか安全に配慮し, 危険のないように目配りをする。
13:15	○片づけをする。 ・荷物を整理し, ごみを拾う。 ・トイレを済ませる。	・ゴミを拾い, 忘れ物がないか確認し, 自分たちで身支度できるようにする。 ・トイレが少ないため, 準備ができた子どもから声をかけておく。 ・人数を確認し, 園長先生に報告する。	・忘れ物等がないよう確認する。ゴミは持ち帰り, 来た時よりも綺麗にする。
13:30	○園へ出発。 ・園バスで移動する。		
14:00	○園到着後, 降園する。		

3節 運動会

1 運動会に向けての取組みから

運動会に向けての取組みをきっかけに，それまで楽しんできたリレーや鬼ごっこなど運動遊びが盛りあがり，充実したものとなってくる。保育者は，子どもたちの「もっと速く走りたい」「リレーで勝ちたい」といった思いを受け止め，クラスでどのようにしたらよいか考えたり相談する機会をつくったり，走り方や走順を工夫したりできるようにするなど子どもたちが主体的に取り組めるよう援助していきたい。また，時には勝敗にこだわりすぎたり，その子なりの課題をうまく乗り越えることができず子どもが葛藤を感じたりすることもあるだろう。保育者や仲間の支えを感じながら仲間と諦めずに取り組んだり，やり遂げたりすることで満足感や達成感を味わえるように援助することが大切である。一人一人が進んで身体を動かしたり，友達と一緒に動きを合わせたり，運動会に向けての取組みにみんなで力を合わせることで協同性を育んでいきたい。

また，運動会までには，運動会の種目の取組みだけではなく，運動会当日まで様々な活動がある。入退場門やポスター，会場を彩る旗を製作したり，応援グッズをつくったりと会場づくりも同時に行っていく。保護者に向けては，運動会便りを発行するなど運動会当日までの子どもの取り組む姿や当日の見どころなどを伝えていきたい。運動会当日の姿だけではなく，運動会までの取組みの過程も大切にしていきたい。

2 運動会種目

運動会に向けての取組みを通し，子どもたちが多様な動きを経験し，身体を動かす楽しさや心地よさとともに充実感を味わえるよう，ねらいと内容を設定していくことが求められる。運動会の種目については，毎日の保育の中の遊びから運動会の種目に発展させるなど子どもの実態やこれまでの経験のバランスにも配慮して年齢にふさわしい活動を考えることが大切である。行事全体のプ

ログラムも，年齢や競技を配慮して年齢ごとの成長の様子がわかるようバランスよく構成し，メリハリのあるプログラム進行を考えるとよい。

運動会種目の例

・競争・競技：「かけっこ」「リレー」「つなひき」「玉入れ」「障害物競走」 普段子どもたちが親しんでいる遊びを発展させた競技
・体操・表現：「リズム体操・リズムダンス」「ポンポンやフラッグ，バルーンなどを使用したもの」「ソーラン節など郷土民謡」
・保護者参加競技：「親子でスキンシップをとりながら楽しめるもの」「親子ダンス」「親子競走（デカパン競走，玉ころがしなど）」

3　運動会の事例

〈事例3：5歳児「リレー」9月～10月──「どうしたら勝てるかな？」〉

　年長クラスでは，うめ組・ふじ組・さくら組の3クラス対抗リレーを行う。男女別で行われ，一人トラック1周を走る。円形バトンをつないでゴールする。はじめは，一人一人が同じ走者と競って走ることを楽しんでいたが，運動会が近くなりリレーでの勝敗を気にするようになってきた。そこで，クラスに勝敗表を作って貼り，一目で勝敗がわかるようにした。

　足の速いケンスケが「今日も負けた」とがっかりした様子。他の子から「さくらは足が速い人がいっぱいいるからじゃない」「背が高い人が多い」など口々に理由を考えた発言がある。保育者が「残念ね。みんなは勝ちたい？」と聞くと，「勝ちたい」「運動会にパパとママが見に来るから勝ちたい」との声が聞かれる。保育者が「どうしたら勝てるかな？」と問いかけると「考えてくる」「パパに聞いてくる」ということで子どもたちが勝つ

方法を考えてくることになった。

　翌週，「どうしたら勝てるか？」について話し合う機会をつくった。ケンスケが「手をいっぱい振って足を大きく蹴れば速く走れる」と意見を出した。他児も「もっと頑張って走る」など走り方について話す中，ユウタロウが「リレーはバトンをうまく渡すといいとパパが言っていた」とバトンの渡し方について意見を出した。

　今まで走り方に注目していたが，「バトンか！」と発見したようでバトンパスをみんなでやってみることになった。どうやったら落とさないで速く渡せるかを考えて，走って来る人の方を見てバトンを受け取ったり，手を後ろにまっすぐ伸ばしたり様々な動作を試してやっていた。カズヤが「いつ渡したらいいかわからん」と言ったので，保育者が「どうしたら渡すよってわかるかな？」と問いかけるとミキが「渡すよーの合図で，はいって言えばいいんじゃない」と提案した。早速，ケンスケたちがやってみた。何度かやるうちにタイミングが合ってきて，バトンを落としたり，渡すタイミングがずれたりすることが少なくなってきた。それから，それぞれが外遊びの際にバトンパスをやるようになった。

〈考察〉

　リレーで相手チームに負けて悔しい思いから，勝つためにはどうしたらよいか考えることになった。家庭で意見を聞いてくることを通して，走り方の工夫や「バトンの受け渡しをうまくやってはどうか？」という意見が出て，クラスみんなで目的に向かってやってみようという一体感につながった。バトンパスもなかなかうまくいかない中，「はい」という合図をすることでスムーズに受け渡しができることがわかり，友達と何度もバトンパスに挑戦したり協力たりして行い，リレーに向けてクラスの団結力が強くなっていった。

〈事例4：「工夫して速くなったことが自信につながって」〉

　バトンパスの際「はい」の合図でリレーに勝てるかもしれないと，クラ

7章　園行事と健康　177

スでバトンパスを繰り返し行うようになった。バトンパスを練習して初めてのクラス対抗リレーを行う日がきた。みんなでバトンを練習したという自信からか、これまでのリレーに臨む姿より意欲が感じられた。「よーいピッ」の合図でスタートした。友達を応援する声援もいつもより大きく、リレーも1位になり「やったー」「勝てたね」と大喜びの子どもたちだった。保育室に戻り,「すごかったね、がんばったね」と頑張りを認めると、「もっと、はいってうまくやったら速くなるかな？」と次への意欲をみせていた。

〈考察〉

なかなか勝てない思いから、どうしたらリレーに勝てるかを考え、バトンパスの練習を始めた子どもたち、「はい」という合図もだんだんタイミングが合うようになり、子どもたちも手ごたえを感じるようになっていった。練習を通してクラスの結びつきも強くなり、声援も大きく

一体感も強くなったように感じられた。自分たちで工夫した方法でリレーに勝ったことの自信が次への意欲へとつながった。

〈事例5：5歳児、リズム体操「運動会ショー」を通して〉

　運動会のリズム体操の曲を自由にかけて踊れる環境を用意した。一段高くなっているテラスで5歳女児数名が曲に合わせてリズム体操を踊っていると、その様子がアニメのショーのように見えた3歳女児がお客さんとなった。お客さんが数人増えていくと、ショーのメンバーの一人が保育室に戻り、チケットを作ってきた。チケットを配り、「運動会ショーが始ま

りますよ」と声をかけるとショーが始まった。チアダンスを習っているさやかが，振り付けのポイントを指示したり合図を出したりして動きも徐々にそろってきた。お客さんからの拍手や声援をうけ，第1部が終了した。第2部が始まる頃には，ショーのメンバーも増え，その後，運動会が終わると3歳児もメンバーとなり，しばらく「運動会ショー」は続いた。

〈考察〉

運動会に向けて，自由遊びの中で子どもたちが自分たちで曲をかけてリズム体操をできるようCDデッキがを用意しておくと，5歳児の女児が運動会の種目を「運動会ショー」としてお客さんに披露することが始まった。自分より小さい子どもたちや保育者に披露することで，お客さんに見せるという意識が高

まっていった。キッズチアダンスを習っている子どもの影響もあり，指先まで気をつけて踊ったり，タイミングよく動作を合わせたりと生き生きと表現して踊るようになった。お客さんからの拍手や声援を受けたことが自信となり，みんなで揃えて友達同士で表現する喜びを感じながら意欲的に踊るようになり，ショーを披露するメンバーも増えていった。運動会後には，3歳児クラスのリズムダンスで使用したポンポンを取り入れるなど，ダンスにもバリエーションが生まれ表現を楽しんだ。

4 運動会を通して

運動会では，友達と心合わせて身体表現をしたり，新しい目標に向かって課題に挑戦したり，意欲的に活動に取り組み，一人一人が自分の力を発揮することで達成感を味わうことができる。また，リレーなどの競技で友達を応援することで集団としての一体感や仲間意識も高まっていく。勝敗を経験することで

7章 園行事と健康 179

勝つ喜びや負ける悔しさを味わったり，友達と認め合ったりといった様々な感情を抱いたり，運動会という豊かな経験を通して子どもたち一人一人の成長やクラス集団としての成長も期待できる。

保護者は，運動会での子どもの姿から子どもの成長を感じることができる。異年齢の活動を見ることで子どものこれまでの成長に気付いたり，今後の成長の見通しをもったりすることができる機会となる。子どもたちは，保護者からの声援を受けながら活躍を見てもらい頑張りを認められ，誉められる経験から自己肯定感を高くすることができる。

運動会という行事で終わるのではなく，運動会の楽しい経験を描画など製作につなげたり，頑張ったことや良かったエピソードを話したりして運動会の余韻を楽しめるようにしていく。その後の保育の中で「運動会ごっこ」として異年齢の種目を経験したり，器具や小道具を置いておき子どもたちが自由に「運動会ごっこ」が展開できる環境を用意しておくとよい。

演習課題

① 子どもの発達や安全面にも配慮し，園外保育（散歩，遠足）の指導計画を立ててみよう。

年齢：　歳児　　　　場所：　　　　　日時：

ねらい：

当日の流れ

時間	活動の内容・ 子どもの活動	保育者の援助， 指導，留意点	安全に関する配慮事項

② どのようなことに配慮して運動会に向けての取り組みを進めていくことが望ましいであろうか。運動会を通して子どもたちにどのような経験が得られるか考え，挙げてみよう。

参考文献

阿部 恵編著　まるごと園行事④ 遠足・園外保育　チャイルド本社　2009

阿部 恵編著　まるごと園行事⑤ 運動会　チャイルド本社　2009

厚生労働省　保育所保育指針　2017

ちいさいなかま編集部　なにしてあそぶ？保育園で人気のいつでもさんぽ　2004

内閣府・文部科学省・厚生労働省　幼保連携型認定こども園教育・保育要領　2017

文部科学省　幼児期運動指針ガイドブック毎日，楽しく体を動かすために　2013

文部科学省　幼稚園教育要領　平成29年告示　2017

8章
園での健康管理

　園での健康管理は，子どもを取り巻く環境の変化によって，また，保護者からの要求が多様になっている現状を踏まえて，子ども一人一人に寄り添ったきめの細かい対応が求められるようになってきている。そのためには，保育者は子どもの病気やケガについての専門的な知識を深め，地域や家庭と連携・協力しながら子どもが健康で充実した園生活を展開することができるようにしたい。

1節　子どもと病気

1　子どもの生活習慣と病気との関連

　子どもと病気について考えていく上で，生活の実態を把握することが必要である。食について考えてみると，近年では食が欧米化・飽食化し，以前は成人病と呼ばれた高血圧症・糖尿病・脂質異常症といった生活習慣病が子どもにも見られるようになった。もちろん原因はそれだけではなく，これまでにも指摘されているような子どもの生活の夜型化など様々である。その意味で，食生活の改善やしっかりと睡眠時間を確保することなどが必要となってくる。

　また遊びの環境の変化による影響も考えられる。「空間」「時間」「仲間」の3つの「間」の変化によって，子どもたちの遊びは大きく変わってきている。まず「空間」では，空き地が少なくなっているのはもちろんだが，公園においてもたとえば「野球禁止」といったように，安全を確保するのはよいが子ども

の遊びの自由を奪っている場合がある。「時間」と「仲間」では，習い事なども含めて様々な理由で友達と一緒に遊ぶことが難しく，最終的に家で TV ゲームをするという様に外で活発に動いて遊ぶことが少なくなっている。活発に動いて汗をかく機会の減少は，体温調節機能の働きを低下させ，体温調節がうまくできなければ，熱中症のリスクも増えることになる。そのため，体温調節機能を育むという意味でもクーラーの利いた部屋で遊んでいるだけでなく，できるだけ外で活発に体を動かして遊びたいと思うような工夫が必要となる。以上のように，望ましい生活習慣づくりに向けての様々な働きかけが求められる。

2 乳幼児期に見られる病気について

乳幼児期に見られる病気には，様々なものがある。感染力がある病気もあり園内で流行してしまうものもあり，注意が必要である。以下に乳幼児期に見られる主な病気について示した。

a 乳幼児突然死症候群（SIDS：sudden infant death syndrome）

乳幼児突然死症候群（SIDS）とは，「それまでの健康状態および既往歴からその死亡が予測できず，しかも死亡状況調査および解剖検査によってもその原因が同定されない，原則として 1 歳未満の児に突然の死をもたらした症候群」と定義される。保育所での状況で考えると，午前中に元気に遊んでいた子どもが，午睡中に事故や窒息ではなく突然亡くなってしまうという形である。

平成 11 年度から，11 月は乳幼児突然死症候群の対策強化月間として，厚生労働省は定めている。平成 8 年には年間で 526 人がこの疾患により亡くなっていたが，平成 26 年には 146 人となり，大きく減少している。

しかしながら，乳幼児突然死症候群の原因はいまだにわかっていない。発症リスクを下げることが期待されているのは，①うつぶせ寝は避ける②両親の喫煙を中止する③人工乳ではなく母乳で育てるといったことである。

b 突発性発疹

生後 6 ヵ月〜18 ヵ月の間にかかることが多く，40℃近い高熱が出る。発熱は 3，4 日続き解熱すると，腹や背中に淡紅色の発疹が出る。発疹は，1〜3

日ほどで消える。また，発熱時には熱性けいれんを合併する場合がある。

c　手足口病

　主に乳幼児に見られる伝染性のウィルス感染症で，手や足，口腔内に小さい水疱が生じる。基本的には子どもたちの中で流行するが，保育者や保護者にも罹患する可能性があるので，注意が必要である。

d　水痘（みずぼうそう）

　水痘は感染力が強く，園で流行しやすい。しかし，水痘は一度かかると終生免疫を得る疾患であり，既往歴があればかからない。また，感染は乳幼児にかかわらず，成人でも発症する場合がある。そのため，保育者も水痘になったことがない者は，感染が疑われる子どもとの接触には，注意が必要である。

　症状としては水疱を伴う小さく赤い発疹で，かゆみが強い。発疹は，3日ほどでかさぶたとなる。予防接種も定期接種として行われている。

3　子どもとアレルギー

　アレルギーとは，本来であれば異物の侵入から自己を守るために機能している免疫機能が病的（過剰）に働くことによって，引き起こるものを指す。また，アレルギーの原因となるものをアレルゲンと呼ぶ。アレルゲンには，ハウスダストや猫や犬といった動物，卵や牛乳といった食物がある。園での生活としては食物アレルギーが大きな問題となってくるだろう。文部科学省が調査し平成25年に報告された「学校生活における健康管理に関する調査」の中間報告によれば，小学生・中学生・高校生で何らかの食物アレルギーをもつ割合はそれぞれ，小学生（4.5%），中学生（4.8%），高校生（4.0%）で，全児童生徒の4.5%の児童・生徒が食物アレルギーであることになる。平成19年の「アレルギー疾患に関する調査研究報告書」の結果では，小学生（2.8%），中学生（2.6%），高校生（1.9%）で，全児童生徒の2.6%であることから，全体で2倍弱に増えていることがわかる。この食物アレルギーの増加の傾向は，乳児・幼児にも見られる。

　食物アレルギーへの対応としてはもちろん，アレルゲンを口に入れさせない

ことが一番である。ただし，牛乳アレルギーであれば，飛散したものが腕についただけでもアレルギー反応が起こる場合もあるし，小麦アレルギーであれば小麦粉粘土を触ることでも反応が起こる。そのため，食事だけでなく様々な場面で注意をする必要がある。食事やおやつの場面では，保育者同士で確認を徹底したり，容器を通常のものと違うものに変えて視覚的にわかりやすくしたり，座席を分けるなど様々な対応がされている。

　また，アレルギー反応が起き，皮膚や気道が腫れたり，発疹ができたりするなど様々な症状がでることをアナフィラキシーといい，アレルギー反応がひどくショック状態に陥るとアナフィラキシーショックとなる。意識低下や，血圧が下降し生命に危険が及ぶので，そのような際にはエピペン®（アドレナリン自己注射剤）を使用する場合がある。乳幼児では，注射が必要かどうかの判断は保育者に求められる場合が多くなるであろう。

2節　病気・ケガの予防や対処

1　子どもの観察

　園での健康管理において大切なのは，子どもをよく観察することである。そのことにより，子どものちょっとしたしぐさで，体調の変化に気付くことができるようになる。しかし，その前提として最も大事なのは，家庭とも連携して子どもの日頃の様子を把握しておくことである。普段の様子を把握していなければ，変化に気付くことはできないからである。

　また，子どもの年齢により言葉で保育者に伝えられる場合もあるが，自分自身の体調の変化を細かく的確に伝えることはなかなか難しいことが多い。したがって，保育者が気付いて子どもに働きかけることは，子どもとの信頼関係を築くためにも重要であり，適切な対応は保護者の信頼の獲得にもつながることになる。丁寧な観察を重ねることにより，子どもの身体面のみならず衣服の状態やにおいなど様々な情報から，家庭での生活や保護者の状況を推察し，把

握することもできるであろう。また，保護者の不安や相談を受け止め，支援することで虐待等を未然に防ぐことも可能だろう。実際に虐待が疑われる場合には，幼稚園や保育所だけで解決しようとせず，市町村や児童相談所などと連携をすることが重要である。

　病気や障害，虐待にしても保育者一人で判断をするのではなく，他の保育者を含め園全体で情報を共有し丁寧に観察を行った上で，判断し対応をすることが求められる。また，感染症については，子どもの既往歴や母子手帳にあるような予防接種の記録を把握した上で，速やかで的確な対応をすることによって，感染拡大を防ぐことができるであろう。そのためには，園だけでなく保護者との連携も大切である。

2　健康診断

a　健康状態の把握

　健康診断は，幼稚園では学校保健安全法施行規則に定められ，保育所においては，嘱託医と歯科医による定期的な健康診断が行われている。内容としては，身長や体重などの計測から，内科検診や歯科検診などが行われている。

b　発育・発達状態の把握

　乳幼児期は発育・発達が盛んな時期のため経過を把握し，日頃の保育はもちろんのこと，保護者への対応も求められる。多くの園で，身長や体重を1～2ヵ月ごとに測定し，発育の状態を把握している。発育・発達については，個人差があることを念頭に置いておく必要がある。また，場合によっては虐待やネグレクトのサインになることがあるので，よく観察して見逃さないようにし，適切な対応を心掛けたい。病気や障害の疑いがある場合には，嘱託医をはじめとする他の関係機関との連携も必要となってくるであろう。

3　園内の環境について

　園内の環境をよく把握することは大切である。そして，どんな場が子どもにとって危険かをきちんと整理し，保育者間で共有することが重要である。ま

た，実際に事故が起きなかったとしても，危険を感じた際には保育者間で共有し，どこでどのようなことが起きたのか，表や図にまとめることも有用であろう。

　環境面での安全への配慮などについては，安全指導で詳細に述べられているため，ここでは園に生息しているまたは今後生息する可能性のある危険な生物について述べたい。

　園庭に生息する生物については，様々な危険があることを把握していなければならない。子どもだけに限られている訳ではないが，危害を及ぼす日本元来の生物といえば，蜂が一番イメージとして浮かぶであろう。巣が作られた場合には，その場所に近づかないようにし，駆除するのが一般的だろう。しかし，近年は外来生物についても考えていかなければならない。

　平成17年6月に施行された「特定外来生物による生態系等に係る被害　の防止に関する法律」は，人命や身体を脅かす外来生物や農業，生態系に影響を及ぼす可能性のある外来生物を対象とするものである。それに指定されている特定外来生物セアカゴケグモは，神経毒をもち，咬まれたことにより海外では死亡例もある。現在でも，危険な生物は決してそれだけではなく，これから日本に定着をしてしまう生物もいるだろう。そのような際には，情報を収集し対応について考えておくことが必要となってくる。

4　家庭との連携

　現在，とりわけ保育所においては保育時間が保護者のニーズにより長くなり，早朝から夜まで預けられている子どももいるのは事実だが，あくまで子どもの生活の主体は家庭にあることを忘れてはいけない。そのため，子どもの健康を守り，そして子どもの健康を育んでいくためには，保護者とコミュニケーションをとり，子どもの家庭での様子を聞くことが必要である。また，子どもの健康状態について，連絡帳や口頭などで情報交換をすることが重要である。

8章　園での健康管理　187

5　与薬

本来であれば，保護者が医師からの指示を受けて行うものであるが，園においては，保護者からの依頼で保育者が行う必要が出てくる。

与薬については，2005年の厚生労働省の通達により，福祉施設においては違法ではないという見解が示されている。そのため，児童福祉施設である保育所を中心とし，園での与薬が広く行われるようになってきたといえる。

アレルギーや心疾患・腎疾患等の慢性的な疾患をもつ子どもも増えてきており，重要な保健対応の一つになっている。

また，与薬を行う場合に注意しなければいけないことは以下の通りである。

(1) 保護者から薬局でもらう薬の情報書などを提供してもらい，どのような薬かを把握する。

(2) 薬の紛失や子どもが手に取り遊んでしまわないように保管方法に気を付ける。保育室では，たとえばピアノの上やテープでどこかに貼り付けるといったような不安定な場所や子どもの手が届くような場所には置かない。職員室でまとめて保管する場合は，どれがどの子どもの薬かを明確にし，わからなくならないように注意をする。

(3) 薬を子どもに与える際には，与薬が必要な子どもを間違えないように名前をしっかり確認し，行うことが必要である。また，子どもが落ち着いて薬が飲めるように，与薬を行う場所についても考える必要がある。

(4) 万が一，薬の紛失等で，薬の必要な子どもが薬を飲むことができなかった場合，保護者や園医へ連絡し対応する。また，飲ませ間違いが起こった際にも同様に対応する。

6　予防接種

予防接種はワクチンを注射することにより，そのウィルスや細菌に対する疾病の予防や重症化予防に必要な免疫を獲得させる。また，予防接種には，予防接種法に基づいて，市区町村が行う定期接種と任意接種がある。

a　恒常性（ホメオスタシス）について

恒常性とは，人間の生物学的な特徴の一つである。体温を例にしてみると，体温が一定になるように暑いところでは発汗することで熱を発散し，一方寒いところでは，身震いなどによって熱を産生し一定に保とうとする力である。予防接種も免疫機能という恒常性の一つを利用したものであることを忘れてはいけない。

b　免疫機能とは

免疫機能とは，体の外から侵入した異物（ウィルスや細菌など）や体内に発生した異物（がん細胞や老朽化した細胞など）を認識し，これを排除して生体の恒常性を維持するシステムをいう。

c　自然免疫

生物個体に生まれながら備わっている免疫のことをいい，特定の病原体に対する種固有の抵抗性が含まれる。

d　獲得免疫

生後，体の外からの刺激により獲得される感染に対する抵抗性である。そのため，ウィルスや細菌などの感染によって誘導される。また，誘導された免疫は，その病原体に特異的で個体に長期間保持される。ただし，病気にならないようにするだけではなく，外的異物が侵入した時に素早く対応できるような機構である。そして，人為的に誘導するために予防接種が行われる。

e　ワクチン

ワクチンとは，生体に免疫を与える生物学的製剤をいう。ワクチンを分類すると，次の3つに分けられる。

(1) 弱毒生ワクチン：免疫を誘導する働きを残したまま，病原性を減らした病原体。

(2) 不活化ワクチン：病原体を物理的・化学的処理で不活化したのち，有効成分を抽出したもの。

(3) トキソイド：病原体が産生する毒素の免疫を誘導する働きを残したまま，無毒化したもの。

f 定期接種

　定期接種は，対象となる者にできるだけ予防接種を受けるように努力を促されているものである。疾患としては，結核や麻疹，風疹，日本脳炎などがあげられる。

(1) BCG：BCG は，結核に対しての生ワクチンで，世界でも広く使われている。また，小児の結核症に対して，高い予防効果があるとされている。副反応としては，接種箇所が腫れることが見られる。

(2) MR ワクチン：MR ワクチンは，麻疹と風疹に対しての 2 種混合生ワクチンである。

　①「麻疹」は，「はしか」ともいわれ，紅い発疹が見られる伝染性疾患である。

　②「風疹」は，「三日はしか」ともいわれる。妊婦が風疹に感染すると胎児へも風疹ウィルスが感染し，発育障害や知能低下を起こす場合がある。それは「先天性風疹症候群」といわれる。「先天性風疹症候群」となり生まれた子どもは，風疹ウィルスの排出が認められることがある。そのため，妊娠を望む女性には妊娠前に風疹ワクチンを接種することが奨められている。

(3) 日本脳炎：日本脳炎は，ウィルス性の脳炎で，蚊によってウィルスが運ばれる。ワクチンのタイプは生ワクチンで，予防接種が行われるようになる前には，夏から初秋にかけて流行が見られた。発熱や頭痛が見られ，意識障害といった脳が関連する症状も見られる重篤な疾患である。

(4) DPT－IPV：DPT－IPV は，①「ジフテリア」，②「百日咳」，③「破傷風」，④「ポリオ」の 4 種混合のワクチンである。ワクチンのタイプは「ジフテリア」「百日咳」「ポリオ」は不活化ワクチンで，「破傷風」はトキソイドである。

　①「ジフテリア」は咽頭や喉頭が主な感染部位で，呼吸困難をきたす病気である。

　②「百日咳」は幼児がかかることが多いが，乳児期前半にかかると窒息

を起こすことがあり，注意が必要である。症状は風邪のような咳で始まり，発作的に咳が出るようになる。

③「ポリオ」は，ポリオウィルスによる急性灰白髄炎に伴う四肢や呼吸の麻痺が恐れられていた。以前は，生ワクチンで経口接種だったが，平成24年9月よりワクチンが不活化となり，3種混合ワクチンに加えられ，現在の形となった。

④「破傷風」は，日陰などの湿った土にいる破傷風菌が，負傷した部位に感染することにより，発症する。発熱やけいれんが見られ，最終的に窒息に至る致死率の高い病気である。

g　任意接種

任意接種は，定期接種に該当するものの他に，希望する者に行う。毎年秋頃になると，インフルエンザのワクチンの供給量などがテレビで報道され，インフルエンザの予防接種は任意接種であるが，一般化されているといえる。また，流行性耳下腺炎（おたふく風邪）やロタウィルスが該当する。

3節　応急処置

a　発熱

子どもが疲れた時や，ウィルスや細菌に感染した時には，免疫の反応としても発熱する。なぜ体温が上がるのかというと，人の体は体温を上げることによりウィルスや細菌の増殖を抑えようとするのである。

また発熱は，子どもの体調の変化や様々な病気のシグナルであり，感染症を蔓延させないようにする一つの手掛かりにもなる。

〈発熱時の対応〉

(1) 感染症が疑われる場合や発疹がある場合は，別室に隔離する。

(2) 子どもが暑がる場合には薄着にし，氷枕を用いる。おでこに冷却シートを使うのが一般的だが，それはあくまで感覚的に気持ちよくなり，楽になる

のである。それも重要だが，冷却効果を期待するのであれば，太い血管が集まっている足の付け根や脇の下が効果的である。また，寒がる場合には毛布などを用いて保温する。

(3) 脱水症状にならないように水分補給をこまめにする。

b　嘔吐

嘔吐の原因は，ウィルスや細菌による感染症や頭部外傷など様々である。子どもが嘔吐した場合には，周りの子どもへ感染が広がらないように対応することが求められる。

〈嘔吐の対応〉

(1) 嘔吐物を受け止められる場合は，容器で受け止める。

(2) 嘔吐物を処理する場合は，感染の原因であるウィルスが含まれている可能性を踏まえて行う。アルコールでは完全に消毒できない場合があるので，嘔吐物を処理した後は，次亜塩素酸ナトリウムを使用して消毒する。

c　けいれん

けいれんの原因は，発熱やてんかんといった疾患によるものがある。けいれんで倒れた場合には，倒れた際に頭を打ってないか，外傷はないかチェックする必要があり，また，以前にもけいれんを起こしたことがあるかどうかも重要である。

〈けいれんの対応〉

(1) 嘔吐物があれば，のどに詰まらないように顔を横向きで寝かせる。

(2) 体を揺らしたりせず，静かに見守り，けいれんを起こしている時間は把握しておく。

(3) 状況に応じて，救急に電話する。

d　切り傷・擦り傷

子どものケガでやはり多いのは，切り傷や擦り傷である。昔は，キズといえば消毒薬を用いることが多かったが，現在は流水で洗い流し，絆創膏などで患部を保護する方法が，傷跡が残りにくいといわれ，一般的となっている。しかし，傷口が深い場合などは，消毒薬を用いることがある。

e 鼻出血

出血としては，鼻中隔前方のキーゼルバッハ部位と呼ばれる部位からが多い。それは，顕微鏡で見ると粘膜直下の細動脈が膨隆し，わずかな刺激によっても破綻をきたす状況にあるからである。そのため，子どもが鼻をいじることで，容易に出血が起こる。

〈鼻出血の対応〉

(1) 子どもを落ち着かせて，前かがみで座らせる。

(2) 小鼻をつまんで，圧迫止血する。鼻根部を冷たいタオルなどで冷やす。

(3) 鼻の奥まで入り込まないように注意し，ガーゼをつめる。

応急処置の主なものについて述べたが，先にも述べたように保育者だけで判断せず園長や主任にすぐに報告して適切な判断や対応を求めた上で，必要であれば処置をするようにしたい。そのためには，園でも研修などの機会を通して保育者の処置に関する正しい知識や技術の向上を図るよう努力したいものである。

演習課題

① あなたは，園庭で保育環境を調べていた。すると園庭の隅の木に，セアカゴケグモのようなクモが巣をはっているのを見付けた。子どもたちは普段通り遊んでいる。あなたはどのように対応すべきか。

② 保護者から，自分の子どもが他の子どもと比べ体が小さく心配をしていると相談を受けた。園では問題となるような行動はなく，いたって普通の子どもである。あなたはどのように対応すべきか。

③ あなたが担当しているクラスで，子どもが咳をしている。熱を測ったところ，微熱があるようだ。あなたはどのように対応すべきか。

参考文献

榎沢良彦・入江礼子　シードブック 保育内容健康 第2版　建帛社　2009

遠藤 登　保育救命（第4版）メイト　2017

加藤忠明　平成23年度の小児慢性特定疾患治療研究事業の全国登録状況 平成24
　　年度厚生労働科学研究費補助金（成育疾患克服等次世代育成基盤研究事業）
　　分担研究報告書，13-40　2012

小林睦生・沢辺京子　セアカゴケグモ咬症とは，国立感染症研究所記事
　　〔https://www.niid.go.jp/niid/ja/kansennohanashi/3150-lh-intro.html〕
　　（2017/8/17参照）

東京都福祉保健局，アレルギー疾患に関する3歳児全都調査（平成21年度）報
　　告書　2010

南山堂医学大辞典　第19版　2006

平井タカネ・村岡眞澄・河本洋子　新子どもの健康　三晃書房　2013

村岡眞澄・小野 隆　保育実践を支える 健康　福村出版　2012

山中龍宏　ピコロ4月号年間購読付録子どもの病気・けが早わかりBOOK　学研
　　教育みらい　2014

9章
乳幼児と性

　現代は，メディアやインターネットなどを通して性に関する情報が無秩序に氾濫しており，子どもの目にも簡単に入るようになっている。また，性的トラブルやデートDV，若年層の性感染症，早期妊娠，人工妊娠中絶など性に関する問題が多様化，複雑化してきている。

　男女，家庭や家族の在り方も多様化し，あらためて，古い時代の固定的な性役割感や性差別を見直す必要性も生じてきている。また，性を大きくとらえて，生という視点から社会を見てみても，小中学生のいじめによる自殺や殺人など少年犯罪の報道が多く見受けられる。テロや震災などで多くの人の命が奪われることも相次ぎ，あらためて，人の命，絆の大切さが見直されている時期であるともいえよう。

　性や生という人間として生きていく上で根幹ともいえる性の問題とまっすぐに向き合わなければならない社会でありながらも，大人達の多くは，性に関してなんとなく恥ずかしい，難しい，触れてはならないという意識にとらわれているといっても過言ではない。また，性教育を二次性徴の発現，生殖機能の成熟，性行動など「性」と結び付きやすい内容であると狭義にとらえて，性教育は幼児に必要であるのか？という疑問をもつ保育者，保護者も多いはずである。しかしながら，幼児期は，家庭や保育現場など子どもが関わるすべての社会で大人や友達とのあたたかい関わりを通して，自分を肯定的に受け止め，人に対する愛情や信頼感，人権を大切にする心が芽生えることが期待される時期である。したがって，子どもが性や生に健康的に適切に向き合うことができるように，保育，幼児教育に必要な性，生に関する教育の在り方についてここで

見つめてみたいと思う。

1節　幼児の性意識と性行動

1　幼児期における性に関する教育

　性に関する教育は生に直結した課題であることは先述した通りである。特に乳幼児の性に関する教育は，子どもの発達段階に応じ，逃してはならないポイントを押さえながら，生活に密接した自然な形で温かい人間関係を基盤にしてゆるやかに進めていきたいものである。乳幼児の性に関する意識や行動を対象にした性教育は，思春期を迎えていく小学生以降とは異なることを理解しておきたい。

　文部科学省の「学校における性教育の考え方，進め方」によると幼稚園における性教育では，

（1）自分の誕生や男女の違い・生命の尊さ

（2）友達を思いやる心情や態度

（3）男女がいたわり合う心や，そのために自分の欲求を抑制しようとする心

が目標とされている。

　幼稚園における性に関する発達段階と指導内容では，次の4つの側面が記述されている。

（1）体の発育・発達に伴う性

（2）心理的な発達に伴う性

（3）男女の人間関係から見た性

（4）社会的な面から見た性

　幼児期の性に関する教育の在り方は，自尊感情，人と関わる力，自己表現力の育成など，人として豊かな人生を生きていくための基礎づくりともいえるであろう。

　子どもは成長していくにしたがって，生活の場や行動範囲が広がっていく。

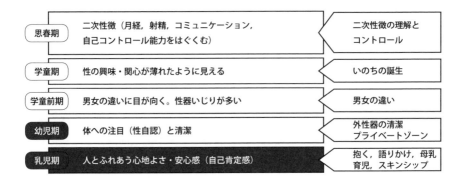

図9-1 発達段階に応じた性に関する指導内容

(梶, 2014)

表9-1 保育現場における性に関する指導内容

		保育所・幼稚園・認定こども園等
自分自身に関すること	身体の発育・発達	○大切な体 ・基本的な生活習慣 ・自分の健康
	心理的な発達	○自分の成長 ・大きくなったね [身体計測・誕生会などを通して] ○大切な命 ・身近な動植物に親しみをもつ ・命の誕生
男女の人間関係		○仲良く助け合う ・友達のよさに気付く
家庭や社会との関係		○性のトラブルの防止 ・知らない人にはついていかない ○家族の大切さ ・家族の愛情

札幌市教育委員会 (2016)「性に関する指導の手引」より抜粋, 改編

したがって，子どもの成長の過程に寄り添う立場にある保護者や保育者など大人は，いつでもどこでも，子どものもつ性に関する疑問に答えることができるように心掛けたい。

　家庭でテレビを見ている時に突然「ラブシーン」が流れることも，風呂では子どもの目の高さに大人の性器があることもある。また，絵本や雑誌にも性に関する文章や写真が載せられている場合もある。このような場面で子どもたちの多くが知りたがり，大人が最も答えにくいと感じるような疑問もストレートにぶつけてくる。しかし，そのような時は「まだ知らなくていいの」「パパ（ママ）に聞いてごらん」「そんなこと聞くものではありません」などと逃げてしまうのではなく，誠意をもって真実を伝えていきたい。というのも，大人の性に対する受け止め方が，子どもに大いに反映されていくからである。答えづらい質問があった場合にも，構えないで，自分の素直な言葉で答えていくことが必要である。子どもの性意識には個人差があることも考慮しながら，温かな関わりの中で生そして命の大切さを根底におきつつ，大人も子どもも一緒に性に向き合いたい。

2　幼児の性意識の特徴

　子どもの性意識の発達は，子どもを取り巻く環境や子どもの性格により違いがあるが，一般的には性の自認や性別意識は，次のように基礎がつくられていく。

　1歳半から2歳にかけて，「おちんちんのある人は男性」などと見た目だけで男女を区別できるようになる。

　2歳から3歳にかけて，実際の経験として，性器の違い，トイレの使い方の違いを認識し始める。2歳から4歳頃，性器をいじくるなど自分の体や性器に関心が出てくる。

　4歳から6歳頃，自分のルーツを知りたいという欲求が現れたり，羞恥心が芽生えたりしてくる。また，見た目だけでなく女性は「女性」，男性は「男性」と区別できるようになる。

4，5歳ともなると，身の回りの疑問となる性的事象について大人に質問することによって自分の疑問を解決しようとするようになる。スカートめくり，便所のぞき，お医者さんごっこ，性器いじり，卑わい語の連発などの言動が多くなる。幼児期は羞恥心が少なく，探究心が旺盛な時期で外性器を自然な形で受け入れている。性的な関心だけでの行動ではなく，相手の反応を楽しむための手段であることも多い。大切なのはこれらの言動に対してもあわてたりしてすぐに叱らないことである。叱るよりも他のことに興味を向けたり，衛生上の説明をしたり，欲求不満との関連はないかなど観察することが大切である。

3　幼児の性被害

　幼児における性被害の防止は真剣に取り組むべき事項ある。女児に限らず，男児も対象とされやすいことに十分留意しておかなければならない。性被害が及ぼす心身への苦痛は，被害者のみならず家族，その周囲まで影響を及ぼし，トラウマとして後々にも影響を与える精神的な被害にもつながりうる。

　子どもに対して危害を加える人がいる可能性を認識させ，防止策につながるような意識の促進も必要である。たとえば，普段から，いやな行為には「いや！」と意思表示できる力を育むことがある。プライベートゾーンについての認識を培いたい。子どもの時は，口・胸・性器・肛門・おしりなどに限定せず，体全体を他の人に勝手に触らせないことが大事であることも気付かせるよう促したい。いやなタッチと温かみのあるここちよいタッチの区別が感覚的にでき，いやなタッチには「いや！」と言える能力を育むことも心掛けたい。着替えの時など，裸のまま，ゆっくり着替えをしている子どもに「～ちゃん，パンツをまずはこうか？」と言葉をなげかけるなど自分自身の体のプライバシーに気付かせることも被害防止につながるかもしれない。

　何かあった時には，信頼できる人に話すことも促したい。加害者から「秘密にしてね」と説得されているかもしれない。まちがった秘密は守る必要がないことも伝える必要がある。万が一，子どもが性被害にあった時のサインとして，次のようなことが考えられる。年齢不相応の性的行動をする。おびえた

り，不機嫌になったり，急にまとわりつくようになったり，すぐに泣いたりして情緒が不安定になったりするなどである。子どもに気になる変化が見られた時は，「何かいやなことがあったの？」と率直にたずねる姿勢も忘れずにいたい。

演習課題

① 現代社会の「性」と「いのち」に関する問題点を書き出してみよう。

② 幼児の性の学びに関する疑問が起こりうる場面を書き出してみよう（家庭および保育現場で）。

（例：排泄　入浴　衣服の着脱　プール遊び）

③ 幼児からの下記の質問にあなたであればどのように答えるか，考えてみよう。

「どうしてママにはおちんちんがないの？」

「赤ちゃんはどうやってできるの？」

参考文献

上田 基編著　命のたいせつさを学ぶ性教育　ミネルヴァ書房　2008

黒瀬久美子・黒瀬清隆　うちの子って変!?　子どものつぶやきから始まる親子性
教育　明治図書出版　2007

札幌市教育委員会　性に関する指導の手引　2016

高内正子編著　子どものこころとからだを育てる　保育内容「健康」　保育出版社
2014

高柳美知子　ママ，パパおしえて！　子どもの未来社　2006

村岡眞澄・小野 隆編著　保育実践を支える　健康　福村出版　2010

文部省　学校における性教育の考え方，進め方　ぎょうせい　1999

10章
新人保育者の精神的健康と備え

1節　保育者の健康

　本書は，主に子どもの健康について，様々な観点から記してきた。本章では視点を変えて，子どもを対象とした健康を直接扱うのではなく，子どもをとりまく大人の健康にスポットライトを当てる。特に，近い将来，保育者等になる読者の皆さんにとって，新規採用保育者の健康状態に関心のある方も多いであろう。たとえば，無事に保育者の免許・資格を手にし，就職を迎えた後，皆さんは現在の健康を維持できるだろうか。それとも，健康に変化が生じるのだろうか。希望通りに保育者になることができ，好きな子どもと生き生きと働いて給料をもらい，生きがいを感じて，学生時代よりもっと健康になる人もいるだろう。しかし，他の職業とも同様に，保育者として働くことは，やりがいがあって，楽しいことばかりではないかもしれない。実習では経験しなかったような難しい子どもや保護者がいたり，上司や先輩・同僚とうまくいかなかったり，苦手な仕事を任されたり，苦労の割には報われないと感じたりすることもありうる。こうしたストレスは，保育者として，人間として，成長するには不可欠であるが，問題が手に負えなかったり，なかなか解決しなかったりすると，心や体の健康に不調を引き起こすこともある。そこで本章では，まず健康状態を理解する枠組みとして，国際生活機能分類を紹介する。そして，健康状態を保つ上で重要な要因と新卒保育者の早期離職に関するデータを紹介し，保育に携わる保育者がストレスに対応して健康を確保するにはどうしたらいいか，さらに保育者になる前の学生が保育者養成のカリキュラムの中でどのよう

な準備やトレーニングをすれば，早期退職を避けられるかを考えてみたい。

a 健康状態（国際生活機能分類）

世界保健機関（WHO）の国際生活機能分類（ICF）では，環境因子と個人因子の背景因子によって，3つの生活機能，つまり心身機能や身体構造，活動，参加が影響を受け，健康状態を左右すると考える（図10－1）。

環境因子と個人因子については，家庭や学校や職場といった自分を取り巻く周囲の環境に対して，自分が生まれもった知能，性格，体などの個人特性を別物として捉えがちである。しかし，環境因子と個人因子との間には常に相互作用があり，影響を及ぼしあうことが知られている。たとえば，遺伝的素因は固定されず，突然変異やエピジェネティクス（DNA配列の変化によらない遺伝子発現の活性化と不活性化の調節）に喫煙物質，環境汚染，生育環境（虐待）など環境因子が影響を与えるということが発見されつつある。

体や知能や行動特性や社会性などの機能や構造の違いによって，日常の活動が制約されたり，社会に参加することが制限されたりすることがある。たとえば，発達障害児には，身体障害，知的障害，注意欠如・多動性障害，自閉症スペクトラム障害などをもつ子が存在し，こうした子たちが園で活動し，参加するには，本人や他の子の家族の理解はもちろん，保育者の適切な指導や援助

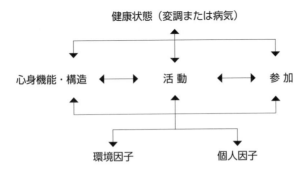

図10－1　国際生活機能分類（ICF）

202

が不可欠である。また保育者でも，心身機能や構造が他の大多数の保育者と異なっている場合，園の同僚や子どもの保護者に理解を得て，自分独自の方法で仕事をさせてもらう必要があるだろう。

　子どもも大人も，体調を崩したり，精神的に疲れたりして健康状態に変調をきたし，病気になると，園での活動が制約されたり，園内外での行事に参加できなくなったりする。さらに病気によっては，体の構造や心身の機能を長期的に変化させてしまうこともある。逆に，健康状態を保ち，向上することができると，心身機能や構造は高まり，仕事や私生活で十分な活動ができ，社会参加できるのである。

b　保育者養成校における学生や保育者の初任者のストレス

　ストレスという言葉は，もともと物理的な外部の力が物体に作用して起こす歪みのことを指す。こうして起きる歪みを，物理的な力と物体との関係から，生体の内外から及ぼす作用と生体の反応との関係に適用するようになった。人体の内外から人体に及ぼす作用，つまりストレッサーには，不快な温度，湿度，騒音，臭いなどの物理的刺激や化学的刺激だけでなく，試験の前や，大勢の人前で緊張するといったストレス反応を引き起こす心理的社会的刺激も含まれる。ストレス反応には，恐怖や不安や抑うつといった心理的反応，心拍数の上昇や赤面，皮膚炎といった生理的反応，そして，ストレッサーを回避するために欠席するなどの行動的反応がある。しかし，ストレッサーがあるからといって，すべての人が深刻なストレス反応を示すわけではない。人にはストレス耐性が備わっており，ストレッサーの強度と持続時間によっては，ある程度，適応し耐える能力がある。まずは，ストレスの原因となるストレッサーがストレス反応を引き起こし，皆誰にでもストレス耐性が備わっていることを理解しておこう（**図10−2**）。

　ストレスにさらされた当初は適応できるが，ストレスが長く続くと適応ができなくなる。この過程は全身適応症候群と呼ばれ，警告反応期，抵抗期，疲はい期の3期に分けられ，抵抗力との関係が示されている。警告反応期には，最初ショックに適応できない状態からはい上がって適応し始め，抵抗期に入る。

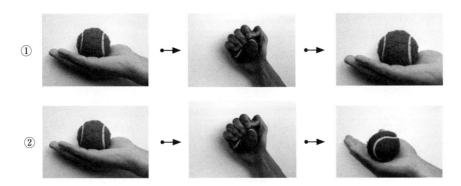

図10-2 ① 弾力性（ストレス耐性）のあるボールは，ボールを強く握ること（ストレッサー）によって，歪んだ（ストレス反応）あと，元に戻る（上）
② 弾力性（ストレス耐性）のないボールは，ボールを強く握ること（ストレッサー）によって，歪んだ（ストレス反応）あと，元に戻らない（下）

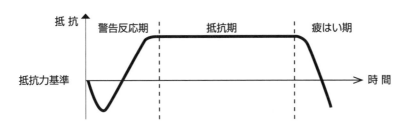

図10-3 全身適応症候群

すると，ストレスが続いても適応エネルギーがもつ限り，抵抗力が維持できる。しかし，時間が経過してもストレスが続くと，エネルギーが消耗し，適応力がなくなっていく。そして疲はい期になると，適応エネルギーが尽きて，抵抗力がなくなり，病気や死にさえ至るのである（**図10-3**）。

　この全身適応症候群の3期を保育者養成校における学生や保育者の初任者に当てはめてみよう。保育学生の皆さんには，私生活でも大学生活でもいろいろ

表10-1 燃えつき症候群の特徴

症候	説明
1 消耗感	体，感情，精神ともに消耗し，疲れ果て，もう働けない
2 脱人格化	人と心理的に距離をとり，否定的な態度で接する
3 固執的態度	子どもと向き合わない理由を見つけ，スケジュールなどに固執
4 個人的達成感の後退	達成感がなく不安で，能力不足と感じる
5 行動異常	対人関係にトラブルが生じ，食生活や睡眠などに異常をきたす

なストレスがあると思うが，警告反応期，あるいは抵抗期の範囲内に収まると思われる。たとえ実習期間でも，ほとんどの学生は警告反応期くらいで乗り切るだろう。しかし実際に就職すると，実習では体験したことのなかったような深い波の警告反応期を経験するかもしれない。そして無事に抵抗期に突入したとしても，ストレスが続くと適応エネルギーには限界があるため，抵抗期の期限が切れ，疲はい期に入ってしまう。就職してから3年で離職する保育者が増えてきていると言われているが，早期離職者の警告反応期と抵抗期をあわせると3年になるのかもしれない。

　日本だけではなく，アメリカ合衆国やカナダやオーストラリアやニュージーランドでも，ストレスに関連する問題のために幼稚園・保育所の先生がいわゆる「燃えつき症候群」（burnout syndrome）になり，早期退職してしまうという社会問題が起きている。「燃えつき症候群」は，医師，看護師，教師など人を相手にする職業に従事する者に頻繁に見られる**表10-1**に示すような情緒的な消耗感と心身の虚脱感に特徴づけられる。

　幼児教育の教員不足の理由は，有資格者のうち，資格を活かして幼児教育の教員等になる人が決して多くなく，たとえ就職しても数年で辞めてしまう人が多いからであるという。加藤と鈴木（2011）によれば，調査した132の幼稚園・保育所のうち67園で新任の教職員が3年以内に退職し，退職した理由の上位3位がストレスに関連する内容であった。つまり，「仕事への適性がない」「健康上の理由」「人間関係」など，自分の実践能力に自信を失い，子どもや保

護者や同僚との人間関係に悩み，健康を損なって辞めてしまう構図が透けて見える。

森と林と東村（2013）が実施した別の調査によると，1年以内に退職した教職員の一人は「新任の年であるにもかかわらず，障害をもつ子どもを何人も受け持たされた」と述べている。障害児に関する知識や経験が不十分であるため，障害をもつ子どもに対してどのように接したらよいか分からず，仕事自体を諦めざるをえなかったようである。

せっかく幼児教育の勉強をして，資格や免許を取得し，就職したのにもかかわらず，早期離職してしまうことによって，勉強した内容や就職して以降の経験が生かされないばかりでなく，有資格者の人材不足という事態を引き起こす。

また，幼稚園・保育所の教職員がストレスを抱えていると，本人だけでなく，子どもの健康にも影響を及ぼすという。フリーランス保育士で保育士起業家の小竹めぐみは「こどもに学ぶ 明るい未来の作り方」と題したTEDxFukuoka という講演会の中で，「子どもは大人の鏡」であると説く。チック症のある子の保護者は，イライラしていたり，落ち込んでいたりすることがよくある。そんな保護者の話を聞くことによって保護者の肩の力が抜けると，チック症が治っていくというような事例を数多く見てきたそうだ。大人のストレスや疲弊は，本人が気付かなくても，言葉や態度によって子どもに伝わり，子どもの健康や問題行動として発現するという。

こうした保育者と子どもとストレス反応がぐるぐると循環している状態を生化学の概念を借用して「燃えつき症候群の連鎖」（burnout cascade）と呼ぶ。こうした負の連鎖から抜け出すにはどうしたら良いのだろうか。そもそも，ストレスを溜め込まないようにストレスに対処し，燃えつき症候群になるのを予防する方法はあるのだろうか。

2節　ストレス対処法と燃えつき症候群の予防法

a　個人的要因と環境的要因

　同じような職場で働いていても，労働者のみんなが燃えつき症候群にかかるわけではない。うまくストレスとつき合えば，燃えつき症候群にかからないし，どんなにうまくストレスに対処しても，燃えつき症候群にかかってしまうような職場もあるかもしれない。つまり，ストレスに対処したり，燃えつき症候群を予防したりするには，環境と個人の両方からアプローチして整える必要がある。

　燃えつき症候群にかかりやすい職場の特徴が**表10-2**にまとめてある。職業生活のそれぞれの領域がどのように整備されており，整備された環境を個人がどのように受け取り感じるかによっても，燃えつき症候群にかかる人とかからない人が出てくるということになる。たとえば，1の仕事をこなせる量や使命感の強さ，2の裁量の好ましさ，3の仕事の満足，4の公私のバランス，5の公正に扱われていると感じるかどうか，6の自分の価値観と，すべての領域に個人差がある。すなわち，逆に燃えつき症候群にかかりにくい職場を整えようとするならば，画一的にみんなを同じように扱えばよいわけではなく，個性に応じて環境や仕事量や裁量権，ほめ方，人間関係，職場のモットーなどを調整する必要があるということである。

表10-2　燃えつき症候群になるかならないかを左右する職業生活の6領域

職業生活の領域	説明
1　仕事量	仕事量がこなせる量を上回り，使命感が強いと消耗感が募る。
2　仕事の裁量権	仕事の手段や時間配分を決める裁量が好ましい程度ある。
3　仕事の報い	仕事に対する満足感や，上司や同僚が認めてくれること。
4　職場の共同体	人間関係の質が重要。公私のバランスの好みには個人差あり。
5　公正さ	公正に扱われると仕事に打ち込むことができ，絆を感じる。
6　価値観	自分の価値観と職場の価値観が一致すると結束が高まる。

b ストレス対処と燃えつき予防

　ストレスに対処し，燃えつき症候群を予防するには，様々な学習可能な技能が関連し，学生のうちから準備しておくことが大切である．具体的には，ストレス対処技能とボールの弾力性に例えられるストレスへの弾力性（ストレス耐性）を日々の生活の中で自分がどのように用いているかを知り，磨くことが大切である．

　ストレスへの弾力性は，逆境から現状に適応しながら回復する過程のことであり，生涯にわたって精神的健康を維持するために役立つ．ストレス対処技能と同じで，たとえ生物学的に個体としてストレスの脆弱性があったとしても，生まれもった特性がどうであれ，いつでも学び，高めることができるのである．

　図10-4に示すように，ストレス対処のプロセスは，まず，ストレス反応を起こすきっかけと考えられる人間関係や，目の前に迫った締切などの出来事をストレッサーとして知覚することから始まる．心理社会的なものから，騒音のような物理的刺激まで，様々な刺激がストレッサーとなる可能性がある．騒音のように，対象となる音をどのように捉えるか（認知的評価）によって，対処の仕方も，ストレス反応も異なってくる．乳児の泣き声を例にあげると，産声を聞いた時と，乳児が空腹で泣いているのを聞いた時では，認知的評価が違い，乳児の泣き声への対処もストレス反応もまちまちである．

　ストレス刺激の対処法には，自他の努力によって問題を直接解決したり，感

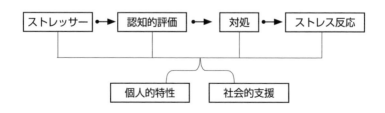

図10-4　ストレス対処モデル

情の発散や抑圧によって整理したり，ストレッサーに対する見方を変えたり，いったんストレッサーから注意を別の出来事や活動に移して，リラックスしたり，リフレッシュしたりする方法がある。アルコールやタバコなどの薬物に頼ったり，ワーカホリックといわれるように働き過ぎたり，食べ過ぎたり，逆に食べなさ過ぎたりするようなネガティブな対処は避けるべきで，本章の最後にストレスへの弾力性を高める方法として紹介する技能を今から練習しておくとよいだろう。

　認知的評価は，人間関係や，日常の出来事にもあてはまる。同じ人であっても，同じ出来事であっても，ストレスの原因として知覚されることがあったり，なかったりする。したがって，ストレッサーが外部の刺激である場合，それを直接的に働きかけてコントロールしようと対処するか，ストレスの対象と認知している自分自身を変え，認知の仕方を変えるかという大きく分けて2種類の対処の仕方がある。どちらかの方法で，あるいは両方の方法を用いて対処するかどうかは，慎重に考え，評価する必要がある。つまり，対処法に効果があるかどうかをストレス反応をみながら評価して，効果がない場合は，別の対処法を講じるのである。

　ストレス反応には，闘争・逃走反応と呼ばれるストレッサーに対して，戦いを挑むか，避けて逃げるかといった反応がある。また，熊に襲われた時のたとえ話で最初にとるように言われている死んだ真似をする，つまり，ストレスの原因と思われる対象から逃げたり，直接的に働きかけたりする前に，落ち着いて考え，ストレッサーの様子を見て，自分の認知的評価が妥当であるか，どのような対処方法が最善か，どんなストレス反応が起こりうるかまで洞察することも有効かもしれない。

　ストレッサーの認知的評価から，対処，ストレス反応に至るまで，間接的に影響を及ぼす要因の一つは，家族や友人や同僚の支えなどで，社会的支援とよばれる。また，個人的特性として，日頃から些細なことでも深刻に捉える傾向や，パニックを起こしやすい傾向があると，不安や恐怖感情，さらに心身の健康に不調をきたすかもしれない。逆に，おっとりして，楽天的で，何事にも動

じない人格特性の人は，多少のストレッサーでは，健康に悪影響を及ぼすようなストレス反応はあまり起きないだろう。

最後に，学生の読者がストレスへの弾力性を高めるために，今からすぐに始められることを述べる。ストレスへの弾力性を高めるには，まず，自分について知り，自分の能力や努力や時間の許容範囲を見極めて，定める。許容外の要求に対して，自分や相手を怒らせることなく，断ることができるようにする。これができずに，どんな仕事でも要求でも受け入れていると，自分の限界を知らないうちに超えてしまい，全身適応症候群の抵抗期から疲はい期に至ってしまう。そうならないように，くれぐれも用心して避けなければならない。

新人のうちは，どうしてよいか分からないことがあったり，ミスや失敗が多いのは当たり前。先輩の保育者に訊ねてばかりいないで，できるだけ率先して仕事を見つけたり，周囲と連携しながら自分で問題を解決しようとしたり，二度と同じ失敗を繰り返さないようにしたりすることは大切である。しかし，トラブルがある毎に自己批判をしたり，自己嫌悪に陥っているようであれば，まず，そういう自分に気付くことが重要である。気付いたら，自分で自分を叱る代わりに，一生懸命，頑張っている自分をほめる。保育者・先生になったのだから，奮闘している自分をほめてくれる人は，なかなかいない。自分自身が自分のトップサポーターになる。自分が苦労している時は，自分に対して「よく頑張っているね」と励まし，自分自身に対して共感する。

次に重要なことは，自分の知識や経験を常に磨いておく。広く深い知識と経験があれば，ストレッサーが何であれ，認知的評価や対処の幅が広がり，もっとも適切な処置を講じる可能性が高まる。知識を得るには，読書をしたり，映画を観たり，研修会に参加したり，知識の高い人々や知恵の深い人々と交流することによって獲得できる。経験を積むには，家事手伝いから，アルバイト，ボランティア活動に参加するなど，現在の自分の活動を少しずつ広げることを勧める。

新人の保育者がもっとも苦労するのは，人間関係である。これまであまり交流のなかった子どもとその保護者，そして同僚と毎日接し，折り合いをつけ

て，関係を保ちながらやっていかなければならない。そこで，今から準備できることは，家族や大学やサークルなどのグループ活動の場で，自分がグループにとってもっとも有効な貢献の在り方を考え，積極的に参加することである。こうしたグループ活動の中で，問題が生じた時，喧嘩したり，逃げたりするのではなく，外交的に問題解決を図る道を探り，コミュニケーションと対人技能を磨く。

　自分が幸福になるためには，家族や友人などと仲良く楽しく過ごすことは不可欠であるが，自分の人生の幸せを人に任せっきりにするのではなく，自分自身の長所や能力を把握し，人生の目標を設定する。仕事以外にも，趣味や好きなことに費やす時間を大切に確保して，勉強や仕事のスケジュールと同様に順守する。

　過去や未来の心配ばかりしないで，できるだけ現在の自分と周囲の環境を見つめ，今の自分が人生の真っただ中で何を感じ，どのように反応しているかということへの気付きを高める。この気付きが張り巡らされた状態をマインドフルネス（mindfulness）という。マインドフルネスを養うには，定期的に時間を割いて瞑想をするとよいかもしれない。瞑想には様々な方法があるが，あまり型や姿勢にとらわれないで，自分の保持しやすい背筋を伸ばした座位，あるいは，仰向けに寝て，呼吸に集中したり，自分の想念をみつめる。最初は数分間でも構わない。一人で瞑想するのが難しい人は，録音された瞑想ガイドなどを活用するとよいだろう。

　マインドフルネスを養うコースの最終的な目的は，気付きを高めると同時に，自分を支えてくれている周囲の人々や環境に対して感謝と畏敬の念をもち，自分と他人に共感できるようになることである。これを達成する技法として，慈しみの瞑想がある。具体的には，まず自分を評価し，褒め，ねぎらうことから始め，次に身近な大切な人々が幸せで安らかであることを願う。さらに自分の知らない人や，あかの他人にも同様な想いを向け，ついには，自分の苦手な人や，嫌いな人にも，幸せで安らかであって欲しいと願う。こうした瞑想を繰り返すことによって，どんな子どもや保護者，同僚であっても，にこやか

に肯定的に接することができるようになるかもしれない。

　小竹めぐみによると、「大切なのは，長所も短所もある大人が，自分は不完全で個性的な人間であることを受け入れ，子どもを含めた他の人の長所や短所を個性として認めて活かしあうことである」と主張する。平たくいえば，互いの個性や個人差を認め，自分に優しく，他人に優しくする気持ちをもち続けることが大切であろう。

参考文献

遠藤知里・竹石聖子・鈴木久美子・加藤光良　新卒保育者の早期離職問題に関する研究2——新卒後5年目までの保育者の「やめたい理由」に注目して　常葉学園短期大学紀要，43：155-166．2012

小川千晴　幼稚園・児童福祉施設における早期離職——動向調査と卒業生の現状を通して　聖隷クリストファー大学社会福祉学部紀要，11：55-64．2013

加藤光良・鈴木久美子　新卒保育者の早期離職問題に関する研究1——幼稚園・保育所・施設を対象とした調査から　常葉学園短期大学紀要，42：79-94．2011

小竹めぐみ　「こどもに学ぶ　明るい未来の作り方」，TEDxFukuoka，2015〔https://tedxfukuoka.com/ls/spk_txf2014_kotake/〕

傳馬淳一郎・中西さやか　保育者の早期離職に至るプロセス——TEM（複線径路・等至性モデル）による分析の試み　道北地域研究所年報，32：61-67．2014

Miyahara, M., Harada, T., Tanaka, S., Fukuhara, H., Kano, T., Ono, T., & Sadato, N. (2017). Mindfulness meditation for future early childhood teachers in Japan. Teaching and Teacher Education, 65：136-144.

ライター，M. P.・マスラック，C.　増田真也・北岡和代・荻野佳代子訳　バーンアウト　仕事とうまくつきあうための6つの戦略　金子書房　2008

資　　料

幼稚園教育要領より「健康」関係部分抜粋
（2017（平成29）年告示）

第2章　ねらい及び内容

健　康

〔健康な心と体を育て，自ら健康で安全な生活をつくり出す力を養う。〕

1　ねらい

(1)　明るく伸び伸びと行動し，充実感を味わう。

(2)　自分の体を十分に動かし，進んで運動しようとする。

(3)　健康，安全な生活に必要な習慣や態度を身に付け，見通しをもって行動する。

2　内　容

(1)　先生や友達と触れ合い，安定感をもって行動する。

(2)　いろいろな遊びの中で十分に体を動かす。

(3)　進んで戸外で遊ぶ。

(4)　様々な活動に親しみ，楽しんで取り組む。

(5)　先生や友達と食べることを楽しみ，食べ物への興味や関心をもつ。

(6)　健康な生活のリズムを身に付ける。

(7)　身の回りを清潔にし，衣服の着脱，食事，排泄などの生活に必要な活動を自分でする。

(8)　幼稚園における生活の仕方を知り，自分たちで生活の場を整えながら見通しをもって行動する。

(9)　自分の健康に関心をもち，病気の予防などに必要な活動を進んで行う。

(10)　危険な場所，危険な遊び方，災害時などの行動の仕方が分かり，安全に気を付けて行動する。

3　内容の取扱い

上記の取扱いに当たっては，次の事項に留意する必要がある。

(1)　心と体の健康は，相互に密接な関連があるものであることを踏まえ，幼児が教師や他の幼児との温かい触れ合いの中で自己の存在感や充実感を味わうことなどを基盤として，しなやかな心と体の発達を促すこと。特に，十分に体を動かす気持ちよさを体験し，自ら体を動かそうとする意欲が育つようにすること。

資　料　　213

(2)　様々な遊びの中で，幼児が興味や関心，能力に応じて全身を使って活動することにより，体を動かす楽しさを味わい，自分の体を大切にしようとする気持ちが育つようにすること。その際，多様な動きを経験する中で，体の動きを調整するようにすること。
(3)　自然の中で伸び伸びと体を動かして遊ぶことにより，体の諸機能の発達が促されることに留意し，幼児の興味や関心が戸外にも向くようにすること。その際，幼児の動線に配慮した園庭や遊具の配置などを工夫すること。
(4)　健康な心と体を育てるためには食育を通じた望ましい食習慣の形成が大切であることを踏まえ，幼児の食生活の実情に配慮し，和やかな雰囲気の中で教師や他の幼児と食べる喜びや楽しさを味わったり，様々な食べ物への興味や関心をもったりするなどし，食の大切さに気付き，進んで食べようとする気持ちが育つようにすること。
(5)　基本的な生活習慣の形成に当たっては，家庭での生活経験に配慮し，幼児の自立心を育て，幼児が他の幼児と関わりながら主体的な活動を展開する中で，生活に必要な習慣を身に付け，次第に見通しをもって行動できるようにすること。
(6)　安全に関する指導に当たっては，情緒の安定を図り，遊びを通して安全についての構えを身に付け，危険な場所や事物などが分かり，安全についての理解を深めるようにすること。また，交通安全の習慣を身に付けるようにするとともに，避難訓練などを通して，災害などの緊急時に適切な行動がとれるようにすること。

保育所保育指針より「健康」関係部分抜粋
(2017（平成29）年告示)

第2章　保育の内容
2　1歳以上3歳未満児の保育に関わるねらい及び内容
(2)　ねらい及び内容
　ア　健康
　　健康な心と体を育て，自ら健康で安全な生活をつくり出す力を養う。
　（ア）ねらい
　　　①　明るく伸び伸びと生活し，自分から体を動かすことを楽しむ。
　　　②　自分の体を十分に動かし，様々な動きをしようとする。

③　健康，安全な生活に必要な習慣に気付き，自分でしてみよう
とする気持ちが育つ。

（イ）内容

①　保育士等の愛情豊かな受容の下で，安定感をもって生活をする。

②　食事や午睡，遊びと休息など，保育所における生活のリズム
が形成される。

③　走る，跳ぶ，登る，押す，引っ張るなど全身を使う遊びを楽しむ。

④　様々な食品や調理形態に慣れ，ゆったりとした雰囲気の中で
食事や間食を楽しむ。

⑤　身の回りを清潔に保つ心地よさを感じ，その習慣が少しずつ
身に付く。

⑥　保育士等の助けを借りながら，衣類の着脱を自分でしようと
する。

⑦　便器での排泄に慣れ，自分で排泄ができるようになる。

（ウ）内容の取扱い

上記の取扱いに当たっては，次の事項に留意する必要がある。

①　心と体の健康は，相互に密接な関連があるものであることを
踏まえ，子どもの気持ちに配慮した温かい触れ合いの中で，心
と体の発達を促すこと。特に，一人一人の発育に応じて，体を
動かす機会を十分に確保し，自ら体を動かそうとする意欲が育
つようにすること。

②　健康な心と体を育てるためには望ましい食習慣の形成が重要
であることを踏まえ，ゆったりとした雰囲気の中で食べる喜び
や楽しさを味わい，進んで食べようとする気持ちが育つように
すること。なお，食物アレルギーのある子どもへの対応につい
ては，嘱託医等の指示や協力の下に適切に対応すること。

③　排泄の習慣については，一人一人の排尿間隔等を踏まえ，お
むつが汚れていないときに便器に座らせるなどにより，少しず
つ慣れさせるようにすること。

④　食事，排泄，睡眠，衣類の着脱，身の回りを清潔にすること
など，生活に必要な基本的な習慣については，一人一人の状態
に応じ，落ち着いた雰囲気の中で行うようにし，子どもが自分
でしようとする気持ちを尊重すること。また，基本的な生活習
慣の形成に当たっては，家庭での生活経験に配慮し，家庭との
適切な連携の下で行うようにすること。

索　引

ア行

アナフィラキシーショック　184
アニミズム　43, 106
アレルギー　183, 187
アレルゲン　183
安全　20, 45, 133, 170, 186
安全管理　103, 133, 134
安全教育　133, 134
安全指導　137
安全性　95, 107
安全についての構え　20, 133
安全能力　137
溢乳　30
運動遊び　36, 56, 63, 78, 96
　　——の楽しさ　56
　　——の発達　58
運動会　67, 168, 174
運動技能　36, 50
運動能力　9, 37, 168
運動能力調査　39, 41
運動発達の順序　35
エピペン®（アドレナリン自己注射剤）　184
MR ワクチン　189
園外保育　168
　　——の指導計画と実践　171
園行事　167
園具　100
遠足　168
嘔吐　191
おかしも　145
オタワ憲章　13

カ行

外言　48
カイヨワ　57
外来生物　186
カウプ指数　24
獲得免疫　188
火災　136, 143, 145
カタルシス　57
学級全体での活動　90
学校保健安全法施行規則　185
葛藤　54, 69, 71, 76, 160, 174
活動性　91
家庭との連携　96, 126, 186
からだ表現　87, 89
からだ表現遊び　93
カリキュラム・マネジメント　147
感覚器　37
環境作り　107
環境の構成　148, 150, 159
環境を通して行う　16
危険予測　141
　　——能力　141
技巧台　99
基本的（な）生活習慣　64, 115, 119, 120
基本の動作　37
虐待　185
吸啜反射　32
教育課程　147
教育課程・全体的な計画　147
競争　57
協同　59

協同性　91
協同的な遊び　53, 76
切り傷・擦り傷　191
けいれん　183, 191
ケトレー指数　23
健康　9, 14, 19, 133
健康管理　123, 181
健康状態（国際生活機能分類）　182, 185, 201
健康診断　185
健康な心と体　18
健康の定義　12
原始反射　32
恒常性（ホメオスタシス）　188
交通安全　140
交通事故　140
呼吸・循環機能　29
国際生活機能分類（ICF）　201
極低出生体重児　21
心の健康　11
ごっこ遊び　63, 88
固定遊具　65, 100
子どもは大人の鏡　205
コミュニケーション　57, 78, 88, 186, 210

サ行

サーカディアンリズム　111
散歩　168
J アラート　145
自己肯定感　80, 179, 196
自己実現　56
自己挑戦　56
施設等の劣化，管理不徹底に起

因するもの　145
自然　96, 105
自然環境　107
自然に起因する災害　142
自然免疫　188
指導計画　149
　教育課程・全体的な計画と
　　　──の関係　149
　週の──（週案）　151
　短期の──例　151
　長期の──と短期の指導計画
　　149, 158
　長期の──例　150
　年間──　158
　日の──（日案）　151
　評価・反省と──の改善
　　165
社会情動的スキル　49
社会的生活習慣　115
社会的適性　50
尺骨　26
自由遊び　81, 85, 90
週日案　151
12歳臼歯　26
宿泊保育　169
障害のある子ども　130
消化・排泄機能　29
情緒　36, 41, 133, 136
情緒（的）体験　44
情緒のコントロール　44
情緒の表出　44
情緒の分化　43
初期体重減少　23
食育　127
食育基本法　127, 129
食事　112, 114, 119
食事のリズム　112
食物アレルギー　130
食を営む力　127, 129

新生児・乳児死亡率　9
身体機能の快　56
身体計測　23, 196
身体表現　57, 178
心拍数　29, 202
随意運動　32, 37
水痘（みずぼうそう）　183
睡眠　30, 112, 119
睡眠と覚醒のリズム　30
睡眠の自立　121
睡眠のリズム　113
睡眠不足　114, 115
スキャモンの発育曲線　23, 25
健やかに伸び伸びと育つ　119
ストレス　200, 202
ストレス対処法　206
ストレス耐性　202, 207
ストレッサー　202
砂場　37, 50, 63
生活習慣　112, 115
生活習慣病　127, 181
生活（の）リズム　9, 41, 111, 114,
　116, 119
清潔　115, 121, 124
成長ホルモン　113, 114
生理的早産　25
生理的弯曲　26
世界保健機関憲章　12
脊柱　26
全身適応症候群　202, 209
全体的な計画　147
全能感　88
泉門　25
総合遊具　97, 98
相貌的知覚　43
足蹠反射　32
粗大運動　37

タ行

体温　31
体温調節　31, 114, 122, 182
体性感覚　37
体内時計　111
脱水症状　31, 191
WHO　12, 13, 201
探索反射　32
知覚　41
知覚・認知の発達　42
チャイルド　140
着脱衣　123
中央教育審議会　49
長育　23
土踏まずの変化　26
手足口病　183
DPT‐IPV　189
定期接種　183, 187
低出生体重児　21
デイリープログラム　149
デュボス（Dubos, R.）　13
てんかん　191
道具　102
橈骨　26
ドキュメンテーション　166
突発性発疹　182
吐乳　29
トランポリン　98

ナ行

内言　48
永井均　14
縄跳び　48
喃語　47
2語文　48
日常と非日常性　92
日本脳炎　189
日本幼児体育学会　103

索　引　217

乳児死亡率　9
乳幼児期の情緒　43
乳幼児と性　194
乳幼児突然死症候群（SIDS）
　182
任意接種　187, 190
認知　41
認知能力　50
ねらい　17, 158
年間行事　167
ノンレム睡眠　31, 120

ハ行

把握反射　32
排泄　30, 112, 125
排泄機能　29
ハインリッヒ, H. W.　137
ハインリッヒの法則　137
ハザード　134
発育　21
発育加速期　23
発達　29
発熱　190
鼻出血　192
歯の役割　26
ピアジェ　58
BCG　189
PDCA サイクル　148
微細運動　37
一人一人の発達の課題に応じて
　指導　16
非認知能力　49
ヒヤリハット事例　140
ヒヤリハットマップ　140
表現　69, 71, 80, 87
表現遊び　90
表出　43

表出の結果を知る　44
不審者侵入等　145
物的環境　97
プレイセラピー（遊戯療法）
　89
ヘルスプロモーション　13
保育課程　147
保育者がモデル　117
保育者の役割　164
保育所における食育に関する指
　針　129
保育所保育指針（等）　9, 16, 61,
　64, 96, 112, 115, 118-120, 128,
　133, 164
保育の評価　166
ホイジンガ　57
暴風警報　144
ポートフォリオ　166
ボール　101
歩行反射　32

マ行

マインドフルネス　210
マット　62, 102
守りの機能　89
身近な人と気持ちが通じ合う
　119
身近なものと関わり感性が育つ
　119
自ら選んでする活動　81, 90
3 つの視点　119
3 つの「間」　181
村岡眞澄　59
めまい　56
免疫機能　188
燃えつき症候群　204
模倣，表現の楽しさ　57

モロー反射　32

ヤ行

矢野智司　15, 57
遊具　63, 97, 100, 171
遊具の管理　103
養護と教育　118
幼児運動能力調査　41
幼児期運動指針　19
幼児期に育みたい資質・能力
　17
幼児期にふさわしい生活が展開
　できるようにすること　16
幼児期の終わりまでに育ってほ
　しい姿　17, 18, 118, 147
幼児体育指導員養成テキスト
　103
幼児の性意識　195, 197
幼児の性被害　198
幼稚園教育要領　16
幼保連携型認定こども園教育・
　保育要領　16, 96, 112, 115,
　118, 119, 133, 166
予防接種　185, 187
与薬　187
夜型　113, 122, 181

ラ行

ラーニングストーリー　166
リスク　134
リスクマネジメント　136
領域「健康」のねらい　19, 133
量育　23
レム睡眠　31, 120
6 歳臼歯　26
ローレル指数　24

編　者

津金　美智子　名古屋学芸大学

小野　　隆　名古屋柳城女子大学

鈴木　　隆　東京家政大学短期大学部

編集協力者

村岡　眞澄　前名古屋学芸大学

執筆者　〈執筆順，（　）内は執筆担当箇所〉

西村　美佳　（1章1節，2節）金城学院大学

津金　美智子　（1章3節）編者

小野　　隆　（2章1節，2節）編者

鈴木　　隆　（2章3節～5節）編者

林　　麗子　（3章1節，2節）名古屋学芸大学

居﨑　時江　（3章3節，4章4節，9章）前埼玉県立大学

梁川　悦美　（4章1節～3節）東京家政大学

加藤　　渡　（5章1節）修文大学短期大学部

堀　　建治　（5章2節）愛知東邦大学

渡部　　努　（6章）岡崎女子短期大学

清　　葉子　（7章）椙山女学園大学

鈴木　将也　（8章）前名古屋文化学園保育専門学校

宮原　資英　（10章）フリーランス学者

新・保育実践を支える　健康

2018 年 3 月 30 日　　初版第 1 刷発行
2024 年 3 月 1 日　　　第 5 刷発行

編著者　　津金 美智子・小野 隆・鈴木 隆

発行者　　宮下 基幸

発行所　　福村出版株式会社

〒 113-0034　東京都文京区湯島 2-14-11
電話　03-5812-9702　FAX　03-5812-9705
https://www.fukumura.co.jp

印刷　株式会社文化カラー印刷
製本　協栄製本株式会社

©Michiko Tsugane, Takashi Ono, Takashi Suzuki 2018
Printed in Japan
ISBN978-4-571-11612-4
定価はカバーに表示してあります。
乱丁・落丁本はお取り替えいたします。

シリーズ「新・保育実践を支える」 平成29年告示の要領・指針の改訂（定）に対応

吉田貴子・水田聖一・生田貞子 編著
新・保育実践を支える

保 育 の 原 理

◎2,100円 　ISBN978-4-571-11610-0 　C3337

子どもをとりまく環境の変化に対応し，保護者に寄り添う保育を学ぶ。保育学の全貌をつかむのに最適な入門書。

中村 恵・水田聖一・生田貞子 編著
新・保育実践を支える

保 育 内 容 総 論

◎2,100円 　ISBN978-4-571-11611-7 　C3337

子どもの発達段階を踏まえた質の高い保育内容と保育実践のあり方を，総論的な観点から平易に説く入門書。

成田朋子 編著
新・保育実践を支える

人 間 関 係

◎2,100円 　ISBN978-4-571-11613-1 　C3337

人と関わる力をいかに育むかを，子どもの発達の基礎をおさえ，実際の指導計画と実践事例を掲載しながら解説。

吉田 淳・横井一之 編著
新・保育実践を支える

環 境

◎2,100円 　ISBN978-4-571-11614-8 　C3337

子どもたちの適応力・情操・育つ力を引き出す環境の作り方を多角的に解説。図版と写真が豊富で分かりやすい。

成田朋子 編著
新・保育実践を支える

言 葉

◎2,100円 　ISBN978-4-571-11615-5 　C3337

育ちの中で子どもが豊かな言語生活と人間関係を築くために，保育者が心がけるべき保育を分かりやすく解説。

横井志保・奥 美佐子 編著
新・保育実践を支える

表 現

◎2,100円 　ISBN978-4-571-11616-2 　C3337

ごく自然な子どもの表現を，保育現場で健やかに伸ばす方策が手に取るように分かる。事例と写真を豊富に収録。

成田朋子・大野木裕明・小平英志 編著
新・保育実践を支える

保 育 の 心 理 学 I

◎2,100円 　ISBN978-4-571-11617-9 　C3337

保育者が学ぶべき実践の支えとなる，子どもの発達過程における心理学の確かな基礎知識を分かりやすく解説。

◎価格は本体価格です。